FRANK
MUNGEAM

›Du wirst Papa!‹

Der Schwangerschaftsbegleiter
Mit einem Vorwort von John Gray

Aus dem Amerikanischen von
Toni K. Neuner

Mosaik
bei GOLDMANN

Umwelthinweis:
Alle bedruckten Materialien dieses Taschenbuches
sind chlorfrei und umweltschonend.

4. Auflage
Deutsche Erstausgabe Februar 2000

Originaltitel: A Guy's Guide to Pregnancy
Originalverlag: Beyond Words Publishing, Inc., Hillsboro
Umschlaggestaltung: Design Team München
unter Verwendung eines Fotos von Bavaria/TCL
Redaktion: Renate Weinberger
Satz: Uhl + Massopust, Aalen
Druck: GGP Media, Pößneck
Verlagsnummer: 16260
Kö · Herstellung: Max Widmaier
Printed in Germany
ISBN 3-442-16260-2
www.goldmann-verlag.de

Inhalt

Vorwort

Als ich zum erstenmal in diesem Ratgeber »Du wirst Papa!« blätterte und mich etwas einlas, wurde ich unweigerlich an die Zeit erinnert, in der meine Frau Bonnie mit unserer Tochter schwanger war. In meinen Augen sah Bonnie in dieser Zeit besonders hübsch und begehrenswert aus. Diese persönliche Erfahrung brachte mir wertvolle Einsichten und Erkenntnisse über gegenseitiges Zuhören, Liebe, Verletzbarkeit und ganz besonders über jene Verantwortung, der wir uns stellen müssen, wenn wir ein neues Leben in diese Welt setzen. Ich wurde auch daran erinnert, wie eine Schwangerschaft schon kleinste Meinungsverschiedenheiten zwischen Männern und Frauen zu Riesenproblemen aufzubauschen vermag.

In meinem Buch »Männer kommen vom Mars, Frauen von der Venus« sprach ich davon, wie wesentlich es in einer Partnerschaft ist, Liebe einzufordern und diese Notwendigkeit in der Partnerschaft zu pflegen. Dies gilt besonders dann, wenn eine Frau schwanger ist. Verständnis und Sensibilität für die Bedürfnisse Ihrer Partnerin werden Ihnen helfen, Ihre Partnerschaft durch diese herausfordernde, aber auch lohnende Zeit sicher zu steuern. Bis heute gibt es eben noch keine maßgeschneiderte Schwangerschaft.

Dieser Ratgeber für werdende Papas gibt Ihnen Tips, wie

Sie die nächsten neun Monate überstehen und am Ende immer noch glücklich verheiratet sind.

Dazu gehört dieses Beispiel: Weil Ihre Partnerin Ihnen nicht sagt, daß sie Ihre Hilfe im Haus erwartet, heißt das noch lange nicht, daß alles glatt läuft. Wahrscheinlich meint sie sogar, sie tue schon mehr als genug, wenn sie Ihr Kind austrägt. Sie können mit Sicherheit viele Pluspunkte sammeln, indem Sie Ihre Frau täglich fragen: »Was kann ich für dich tun?« Und dann tun Sie das Gewünschte auch gefälligst.

Frank Mungeam zeigt Ihnen zahlreiche einfache Möglichkeiten, wie Sie Ihre Frau spüren lassen können, daß sie unterstützt wird: Begleiten Sie Ihre Frau zum Arzt. Nehmen Sie sich eine Minute Zeit für einen kurzen Liebesbrief, oder schicken Sie ihr einen Blumenstrauß. Raspeln Sie eifrig Süßholz, sagen Sie ihr: »Ich liebe dich!« und »Du siehst bezaubernd aus.« – und das immer wieder und immer wieder. Dies sind zwar einfache, aber ausnehmend wichtige Schritte, und genau die machen den feinen Unterschied aus.

»Du wirst Papa!« will nicht etwa schlaue Sprüche klopfen oder erläutern, wie Sie Ihre neue Videokamera einsetzen können, vielmehr will dieses Buch jedem Mann helfen, leichter die Veränderungen zu begreifen, die mit der Schwangerschaft bei seiner Frau auftauchen. Außerdem befaßt sich dieser Ratgeber mit den Nöten und Problemen, die man als Mann in diesen »Übergangsmonaten« zu verkraften hat. Und das Buch bietet Lösungen, wie aufkeimende Konflikte entschärft werden können.

Ich hoffe, dieser Schwangerschafts-Ratgeber für Männer wird Ihnen während Ihrer Reise zur Elternschaft hilfreich zur Seite stehen. Behalten Sie immer Ihren Sinn für Humor! Eine Schwangerschaft dauert nicht ewig. Die Freude und Liebe aber, die Sie beide Ihrem Kind angedeihen lassen und sich einander schenken, wird ein ganzes Leben halten.

John Gray
(Autor von »Männer kommen vom Mars, Frauen von der Venus«)

Einleitung

Glückwunsch! Sie sind gerade dabei, Mitglied einer auserlesenen Gesellschaft zu werden, jener wenigen Männer, die stolz von sich behaupten können: »Ich habe die Schwangerschaft meiner Partnerin überlebt!« Jetzt könnten Sie protestieren: »Richtige Männer brauchen keinen Ratgeber in Sachen Schwangerschaft.« Im Gegenteil! Männern bleibt ja die praktische Erfahrung von morgendlicher Übelkeit, des Dickwerdens, sich Zerschlagenfühlens, von Krämpfen und Hormonumstellungen sowie seelischen Schwankungen erspart. Doch gerade deshalb brauchen wir Männer ein wenig Nachhilfe. Denn sei es, wie es sei: Unsere Partnerin ist eine schwangere Frau!

Die meisten Schwangerschaftsbücher sind für Frauen bestimmt. Ein Schwangerschaftsbuch geschrieben aus der Sicht des Mannes hilft vielen Männern Verständnis dafür zu entwickeln, wie sich die »anderen Umstände« auf sie, ihre Partnerin und ihre Beziehung auswirken.

Heißt Schwangerschaft: Schluß mit ehefreien Herrenabenden und dem Sex? Was sage ich ihr, wenn sie das erstemal fragt: »Sehe ich dick aus?«? Was können Sie tun, um im Kreißsaal nicht aus den Schuhen zu kippen? Dies sind die wirklich interessanten Fragen, auf die Männer eine Antwort suchen. Wenn Sie Pech haben, schlagen Sie das Schwangerschaftsbuch Ihrer Partnerin auf, aus dem Sie dann lernen, daß die Ultraschalluntersuchung während der ersten drei Monate ein Mittel ist, um frühzeitig die Entwicklung des Fetus zu analysieren. Na ja!

Wollen Sie wirklich eine 450seitige, »gelehrte« Abhandlung durchackern? Oder möchten Sie nicht lieber die Informationen, die Sie brauchen, einem Buch von Männern für Männer entnehmen? Ich denke schon.

Es gibt noch mehr gute Nachrichten: Indem Sie dieses Buch lesen, haben Sie einen Riesenschritt in Richtung »Verpflichtung zur männlichen Anteilnahme« getan.

Jede Frau erwartet unausgesprochen, daß der beteiligte Mann als fürsorglicher Partner und künftiges Elternteil ein aktives Interesse an ihrer Schwangerschaft bekundet. Eine Frau deutet die Weigerung ihres Mannes, ausgerechnet ihr Schwangerschaftsbuch nicht lesen zu wollen, als einen klaren Verstoß gegen seine Fürsorgepflicht. Wenn Sie aber diesen Ratgeber »Du wirst Papa!« lesen, werden Sie Ihre Frau nicht nur glücklich machen, sondern auch viel besser begreifen, was in ihrem Körper vor sich geht.

Ich habe dieses Buch geschrieben, damit Sie und die anderen werdenden Papas meine Erfahrungen kennenlernen, beziehungsweise ganz genau wissen werden, was Sie während der nächsten Monate erwartet. Bei den medizinischen Details habe ich Experten um Rat gefragt. Weitgehend werden Sie jedoch das Thema Schwangerschaft aus meinem subjektiven Erleben und dem fünf anderer Männer dargestellt finden. Wir beschreiben, was in den einzelnen Stadien der Schwangerschaft unserer Partnerin auf uns zukam. Außerdem bekommen Sie auch gute Ratschläge von jungen Müttern. Am Ende des Buches finden Sie die Kurzbiographien der Menschen, die in diesem Buch mit kleinen Geschichten auftauchen.

Ich habe dieses Buch in 40 kurze Kapitel gegliedert, jedes konzentriert sich auf eine der Fragen, denen Sie in den nächsten Wochen ins Auge blicken müssen. Sie erhalten Antworten auf die von Männern am häufigsten gestellten Fragen. Sie erfahren, daß viele Ihrer Ängste völlig normal sind und andere Männer auch davon »befallen« sind. Und Sie werden viel Nützliches lernen, das Ihnen und Ihrer Partnerin die Schwangerschaft zu einem schönen Erlebnis macht.

Dieser Ratgeber über Schwangerschaft beschäftigt sich absichtlich ziemlich locker mit dieser für Sie so wichtigen »Übergangszeit« in Ihrem Leben. Zweifellos werden Sie mit ein bißchen Humor am besten zurechtkommen. Er ist das beste Mittel, um die einschneidenden Veränderungen, die im Körper Ihrer Frau und in Ihrer Partnerschaft passieren, gemeinsam zu meistern.

❶

DER START

①

Babys machen

Lassen Sie uns über Sex reden. Sex gleich Fun. Richtig? Nicht notwendigerweise. Die Entscheidung, eine Familie zu gründen, kann diese Gleichung manchmal gravierend verändern. Genau in dem Moment, in dem Sie und Ihre Partnerin sich zur familiären Expansion entschließen, heißt die Formel häufig: Sex gleich Baby machen. In einigen Fällen wird daraus: Sex gleich Schwerstarbeit.

Wenn Sie Glück haben, werden Sie Ihre Partnerin schon im ersten Monat schwängern. Und dann sind Sie auch in der Lage, mit Ihrer Potenz bei all Ihren Freunden zu prahlen. Ihre Partnerin wird Sie mit großen Augen bewundernd ansehen. Das Leben meint es gut mit Ihnen. Wahrscheinlicher ist jedoch, daß Sie ein ganz normaler Mensch sind und mehr als eine Nacht brauchen, um diesen Spielautomaten für Empfängnis in Gang zu setzen, bevor Sie endlich den Sperma-Ei-Embryo-Jackpot knacken.

Das Problem: Als Sie und Ihre Partnerin sich entschieden, eine Familie zu gründen, wollte Ihre Partnerin sofort und auf der Stelle schwanger werden. Unglücklicherweise ist die Trefferquote bei diesem Vorgang ungefähr die gleiche wie in Las Vegas. Obwohl man sagen muß, daß Verlieren in diesem Fall billiger ist und viel mehr Spaß macht.

Ein paar Zahlen
Etwa die Hälfte der Frauen, die ihre Schwangerschaft planen, empfangen innerhalb von dreieinhalb Monaten. Eine von fünf »übt« mehr als neun Monate, bevor sie schwanger wird.

Es wird nicht lange dauern, bis Ihre anfängliche Begeisterung für »Wir machen gerade ein Baby« in die sorgenvolle Frage Ihrer Partnerin mündet: »Bin ich schon schwanger?« Sie fangen an, sich schuldig zu fühlen und werden vom Selbstzweifel geplagt. Und nicht zu vergessen – auch von etwas Angst. Der Nachteil der ganzen Geschichte: Es scheint, als ob man Liebe wie lästige Hausarbeiten erledigen muß.

Er sagt
Der Arzt sagte zu meiner Frau: »Sie müssen die nächsten neun Monate weiterüben, um ein Kind zu bekommen, denn Ihr Arbeitsstreß beeinflußt Ihre physische Verfassung und so weiter.« Das war am Mittwoch. Am Samstag gelang uns das Kind! Weltmeister! – *John*

Bald schon wird Ihre Partnerin Sex in Ihren Terminkalender eintragen, sobald ihr Zyklus in Ordnung ist (das ist alles sehr wissenschaftliches Zeug). Sie werden sich wie der Kundendienstmann von der Telefongesellschaft vorkommen, der zu einer ganz bestimmten Zeit auf der Matte stehen muß, um seinen Job zu machen. Als meine Frau und ich versuchten, ein Kind zu machen, fühlten wir uns weniger wie Familiengründer, sondern eher wie die Teilnehmer eines umfangreichen wissenschaftlichen Experiments.

Eine Weile später werden Sie sich regelrecht wundern, wie

irgend jemand jemals zu einer unerwünschten Schwangerschaft kommen konnte.

Seit Sie unbedingt ein Baby wollen, scheinen Sie dieses Kunststück einfach nicht fertig zu bringen.

Sie beginnen, an sich zu zweifeln. »Liegt's an mir?« Und schlimmer noch: »Muß ich zum Arzt und einen dieser Tests über mich ergehen lassen?«

Bevor Sie in Panik geraten, versuchen Sie mal die positive Seite zu sehen. Sollte Ihre Partnerin partout nicht schwanger werden, so haben Sie doch letztendlich Spaß beim Üben gehabt. Zahlreiche Männer würden liebend gern in Ihrer Haut stecken – ständig Liebe machen zu dürfen ohne Angst vor Empfängnis.

Eines Tages, wenn Sie gar nicht mehr daran denken, wird Ihre Partnerin Sie beglückwünschen und mit der großen Neuigkeit herausrücken: »Ich bin schwanger!«

②

»Du wirst Papa!«

Sie dürfen niemals den Moment vergessen, in dem Ihre Partnerin gestand, sie sei schwanger. Wahrscheinlich wird sie es genau zur Halbzeit dieses großen Spiels getan haben.

Auf solche Nachrichten reagiert jeder Mensch unterschiedlich. Sie könnten sogar Freudentränen weinen oder bestürzt sein, obwohl Sie ja selbst ein bißchen mit diesem Ereignis zu tun hatten.

Sehr viele Männer begreifen in diesem Moment zum erstenmal die Tragweite dessen, was sie getan haben, so richtig. Panik könnte sich breitmachen. Das Elterndasein bedeutet nun nicht mehr graue Theorie. Sie sind gerade dabei, Papa zu werden!

Sie könnten den Gedanken an schmutzige Windeln und aufs Töpfchengehen womöglich mit unbedeutenden Regionalliga-Spielen, Ausgehverbot, Zeugnissen, Jahreszahlen oder Schrottautos in Verbindung bringen. Vielleicht brauchen Sie auch einen harten Drink. Ich will Sie ja nicht bezichtigen. Es geht hier um eine große Sache. Rechnen Sie damit, Angst zu bekommen.

Die zehn Top-Ängste werdender Väter

1. Meine Partnerin dreht durch.
2. Meine Partnerin wird fett und häßlich.
3. Sie wird nie wieder das Gewicht, das sie während der Schwangerschaft zugelegt hat, verlieren.
4. Wir werden niemals wieder zu Geld kommen.
5. Ich werde meine guten Freunde niemals wiedersehen.
6. Ich werde niemals wieder mit meiner Partnerin schlafen können, nachdem ich bei der Entbindung dabei war.
7. Ich muß selbst das Baby entbinden.
8. Ich kippe bei der Entbindung einfach um.
9. Wir bekommen kein gesundes Baby.
10. Ich bin noch nicht reif genug – ich werde bestimmt kein guter Vater.

Einige dieser Ängste sind durchaus begründet. Doch zum Glück nicht alle. Den auf den ersten Blick schlechten Nachrichten folgen die guten auf dem Fuß:

Er sagt
Ich erfuhr es an meinem Geburtstag. Ich kam mit einer Sechserpackung Büchsenbier nach Hause…, und sie drückte mir eine Geburtstagskarte in die Hand und sagte: »Hier du führst…« Und auf der Karte stand: »Herzlichen Glückwunsch zum Geburtstag – ich weiß, du wirst ein prima Papa!«

– *Michael*

Meine Partnerin dreht durch.

Richtig. Zum Glück bekommen Sie Ihre Frau irgendwann zurück. Sie müssen nur neun Monate warten. Ratschläge zur Selbsthilfe stehen im dritten Kapitel, Seite 28f.

Meine Partnerin wird fett und häßlich.

Ja und nein. Sie wird einige Pfündchen zunehmen. Aber viele Männer entdecken, wie schön ihre Partnerin ist, gerade während der Schwangerschaft. Wenn Sie einer der Männer sind, die davon nicht begeistert sind, machen Sie sich darüber keine Gedanken. Schwangerschaft ist eine zeitlich begrenzte Angelegenheit. Es sei denn, Sie haben Angst, …

Sie wird nie wieder das Gewicht, …

…das sie während der Schwangerschaft zugelegt hat, verlieren. Die meisten Frauen tun es. Gönnen Sie Ihrer Partnerin jedoch eine angemessene Pause, da sich ihr Körper nach der Geburt langsam umstellen muß. Neun Monate lang mußte sie zwanzig oder dreißig Pfund zusätzliches Gewicht mit sich herumschleppen und hatte dann das Vergnügen, innerhalb von Stunden ein sehr großes Objekt durch eine sehr kleine Öffnung ihres Körpers herauszupressen.

Wir werden nie wieder zu Geld kommen.

Leider wahr! Kinder sind in finanzieller Hinsicht wie ein Faß ohne Boden. Im Durchschnitt kostet ein Baby in seinem ersten Lebensjahr gut und gern 10 000 DM.

In Ihrem Interesse hoffe ich, daß Sie lange, bevor Ihre Partnerin schwanger wurde, eines dieser zukunftssichernden Rundum-Vorsorge-Pakete abgeschlossen haben.

Ich werde meine guten Freunde nie wiedersehen.

Wahrscheinlich. Sie werden jedes Mal, wenn Sie mit Ihren Kumpels zusammen sind, teuer bezahlen müssen, während Ihre arme Partnerin schwanger zu Hause sitzt. Sie sollten also besser die preiswertere Strafe wählen und ihr Gesellschaft leisten.

Tips, wie man mehr Zeit für sich herausschlägt, finden Sie in Kapitel 21, Seite 108 ff.

Er sagt
Ich weiß noch genau, wie ich mich damals fühlte. Einerseits wollte ich am liebsten auswandern. Andererseits fühlte ich mich überglücklich. Ich dachte wirklich, es ist das Schönste auf der Welt. Ich war außer mir vor Freude. – *Mike*

Ich werde niemals wieder mit meiner Partnerin schlafen.

Viele Männer teilen diese Ansicht. In Wirklichkeit gibt es einen anderen triftigen Grund, warum Paare, die gerade ein Kind bekommen haben, nicht gleich wieder Sex haben: Sie sind so erschöpft, daß alle ihre sexuellen Phantasien eingeschlafen sind.

Machen Sie sich keine Gedanken darüber, Sie werden auf jeden Fall wieder Sex miteinander haben. Sie sollten nur sehr vorsichtig sein, um ein erneutes »Junior-Ereignis« zu vermeiden. Sie kennen ja nun schon ein paar der Konsequenzen. Die naheliegendste Befürchtung ist: »Bedeutet eine Schwangerschaft neun Monate ohne Sex?« Nicht unbedingt.

Er sagt

Ich erlitt einen Schock. War plötzlich völlig benommen und verwirrt. Ich schwöre, es war noch keine sechs Stunden her. Auf der Autobahn beim Heimfahren traf es mich. Und ich fing an zu schreien. Ich wurde einfach von der Freude, der Aufregung und der Angst überwältigt! *– John*

Ich lag mit einer Grippe im Bett. Meine Frau kam ins Schlafzimmer und sagte, sie sei schwanger. Wir hatten schon recht lange versucht, ein Kind zustande zu bringen. Ich wußte genau, daß es in diesem Moment sehr wichtig war, darauf etwas Bedeutsames zu antworten. Doch alles, was ich zusammenbrachte, war ein klägliches: »Oh, das ist ja toll!« Ich muß sagen, sie war schon ein bißchen über meine Reaktion enttäuscht. Die Bedeutung dieser Nachricht wurde mir erst ein paar Stunden später so richtig klar, nachdem mein Fieber etwas gesunken war. Dann war ich erstaunt, aufgeregt, ängstlich und betroffen! *– Paul*

Einige Frauen meinen, ihre Schwangerschaft steigere sogar noch ihren sexuellen Appetit. Andere wiederum empfinden genau das Gegenteil. Eine ganze Menge hängt eben von Ihnen und Ihrer Phantasie ab. Hilfreiche Hinweise hierzu finden Sie in Kapitel 12, Seite 73ff.

Ich muß selbst das Baby entbinden.

Sie haben einfach zuviel Filme gesehen. In der Regel wird Ihr Baby im Krankenhaus zur Welt kommen, wie bei jeder anderen Frau auch.

Sollten Sie allerdings unter Zwangsvorstellungen diesbezüglich leiden, gebe ich Ihnen einen guten Rat: Nehmen Sie mit Ihrer Frau ein Taxi zum Krankenhaus. Seit es Taxen gibt, scheint das Taxi ein besonders bevorzugter Platz zu sein, um Babys auf die Welt zu bringen.

Ich kippe bei der Entbindung einfach um.

Oder die andere Angst: Ich werde mich auf Zehenspitzen stellen müssen, um alles beobachten zu können.

Sie werden wahrscheinlich nicht umfallen. Doch jeder Mann macht sich Sorgen darüber. Schauen Sie in Kapitel 34 nach, Seite 169ff. Dort finden Sie wertvolle Hinweise, wie man bei der Stange bleibt.

Zum Glück ist es so: Sobald die Wehen einsetzen, werden fast alle Männer von der Entbindung ihres Kindes so gefesselt, daß ihre Angst keine Rolle mehr spielt.

Wir bekommen kein gesundes Baby.

Diese Angst ist ein ständiger Begleiter von Paaren, die ein Kind erwarten. Glücklicherweise bekommen siebenundneunzig von hundert Paaren ein gesundes Baby. Sie können Ihre Chance durch gesunde Ernährung und eine vernünftige Lebensweise erhöhen.

Ich bin noch nicht reif genug – ich werde bestimmt kein guter Vater.

Wenn Sie sich keine Gedanken darüber machten, ein guter Papa zu werden, wäre das ein Grund zur Sorge. Es gibt allerdings fürs Vatersein kein Rezept und auch keinen Unterricht, der Sie hundertprozentig darauf vorbereiten könnte. Ein guter Vater zu sein, ist das Gleiche wie ein guter Ehemann zu sein. Man versucht halt immer sein Bestes und lernt aus den Fehlern. Die Tatsache, daß Sie sich sorgen, ist das beste Zeichen dafür, daß Sie sich darum bemühen, Ihren Job so gut wie möglich zu machen.

Sie wird Mama!

Sobald Ihr eigener Schock und der Jubel über diese Ankündigung etwas abgeklungen sind, bereiten Sie sich gleich auf ein paar unmittelbare Veränderungen bei Ihrer Partnerin vor.

Wie Sie, taumelt sie noch etwas von der Wucht, mit der diese Nachricht über sie hereingebrochen ist. Sie wird ebenfalls, genau wie Sie, diese Wechselbäder aus »Ich kann es noch nicht fassen!« sowie Angst und Freude durchmachen. Sie fängt ebenfalls an, wie eine Besessene zu denken, zu sprechen und zu handeln.

Ich denke mal, meine Frau war genauso detailversessen wie bei der Planung unserer Hochzeit. Als sie erfuhr, daß sie schwanger war, gab es urplötzlich Hunderte von Sachen, die genau jetzt und sogleich getan werden mußten – obwohl das Baby noch über sieben Monate brauchen würde.

Hier sind ein paar Anhaltspunkte, die Ihnen vermitteln, in welchen Punkten schwangere Frauen sich ändern:

- Sie als Mann benutzen Kraftausdrücke (wie Sie es schon immer getan haben), doch jetzt sagt sie: »So was darfst du nicht in den Mund nehmen. Was soll unser Baby dazu sagen?«
- Sie kaufen ganz naiv High-Tech-Artikel (wie Sie es schon seit Jahren tun). Ihre Partnerin meint: »Wir können es uns nicht leisten, für solche Sachen das Geld zum Fenster rauszuwerfen. Wir müssen fürs Baby sparen.«
- Sie wollen sich mit Freunden treffen (wie immer), und sie bemerkt spitz: »Willst du mich wirklich heute abend allein lassen? Du weißt doch, ich bin schwanger.«

Dies alles sind erste Alarmzeichen. Sie deuten klar darauf hin, daß Sie die Schwangerschaftszone betreten haben.

③

Die Schwangerschaftszone

Was Sie bisher über Ihre Beziehung und Ihre Partnerin dachten oder wußten, hält der Wahrheit nicht länger stand. In ihrem Körper wächst ein Kind heran, und so ändert sich einiges. Sie befinden sich jetzt auf einer unaufhaltsamen Reise durch die Schwangerschaftszone.

Sie brauchen dafür bestimmt eine Straßenkarte, weil die Verkehrswege dort völlig anders verlaufen. In der Schwangerschaftszone werden Sie die Handlungen und Sprüche Ihrer Partnerin leicht verwirren. Sie wird zwölf Stunden am Stück schlafen, nur um kurz aufzuwachen und zu verkünden: »Ich bin ständig so müde.« Oder sie futtert gleich zwei Portionen eines Hauptgerichts, beklagt sich dann aber noch: »Ich habe ständig Kohldampf.« Rechnen Sie mit Umleitungen – eine der Hauptverkehrsregeln auf den Straßen der Schwangerschaftszone.

Manchmal könnten Sie wahrlich glauben, Ihre Partnerin sei von Aliens entführt und durch eine außerirdische Doppelgängerin ersetzt worden. In Wirklichkeit benimmt sich Ihre Frau genau so, wie es eine Schwangere tun sollte. Unglücklicherweise sind wir Männer überhaupt nicht vorbereitet auf diese einschneidenden Veränderungen in der Persönlichkeit und im Körper unserer Partnerin.

Dieses Buch wird Ihnen helfen, den richtigen Weg in dem Wirrwarr der sich schlängelnden Straßen, Umleitungen,

Sackgassen und Abfahrten zu finden. Es begleitet sie zu jeder Station Ihrer Reise durch die Schwangerschaftszone.

Veränderungen über Veränderungen

Ihre Partnerin macht während ihrer Schwangerschaft enorme physische wie emotionale Veränderungen durch. Zu Beginn des 6. Kapitels, Seite 49f., erkläre ich diese Umwandlungen noch im Detail.

An dieser Stelle werden zunächst zwei der bekanntesten und sofort eintretenden Veränderungen vorgestellt. Sie werden erkennen:

- Ja, ihre Brüste werden entschieden größer. Natürlich auch ihr Bauch.
- Sie wird mit Ihnen, was das Essen anbelangt, bei Tisch voll mithalten. Doch könnten Sie etwas ungläubig aus der Wäsche gucken angesichts ihrer bizarren Gelüste und »Futtermengen« (»Wie kann jemand davon sooo viel essen?«).

Es gibt noch andere, kleinere Nebeneffekte bei einem im Bauch wachsenden Baby, einschließlich morgendlicher Übelkeit, Müdigkeit und ständiger Rückenschmerzen.

Ihre Straßenkarte für die Schwangerschaftszone

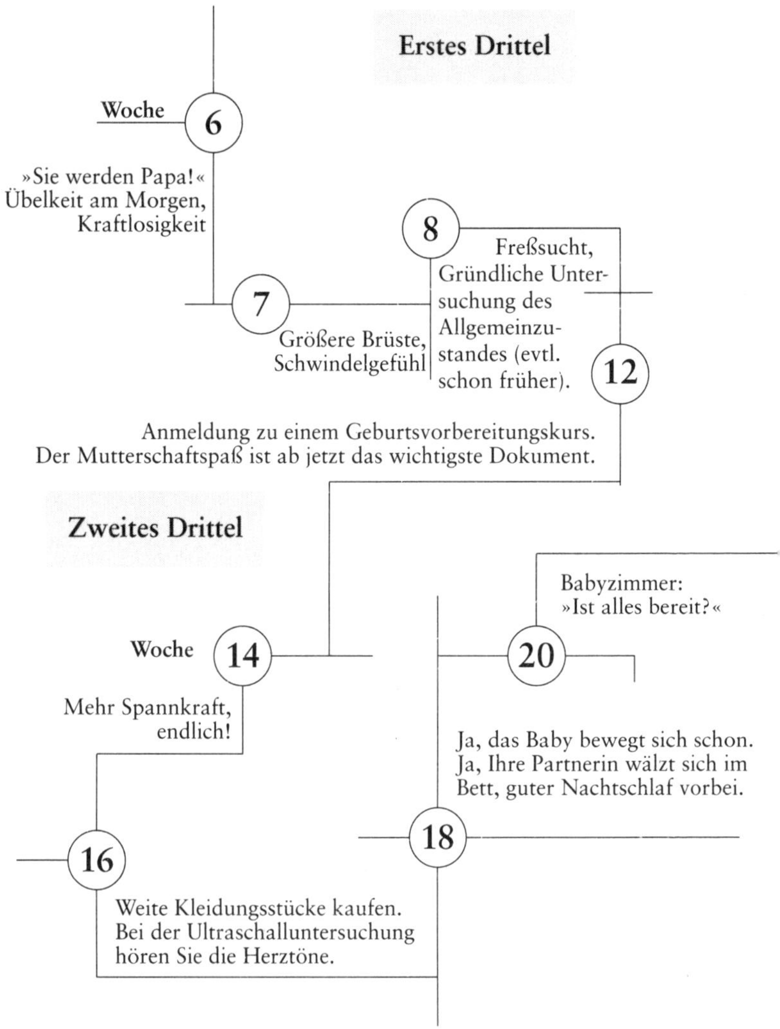

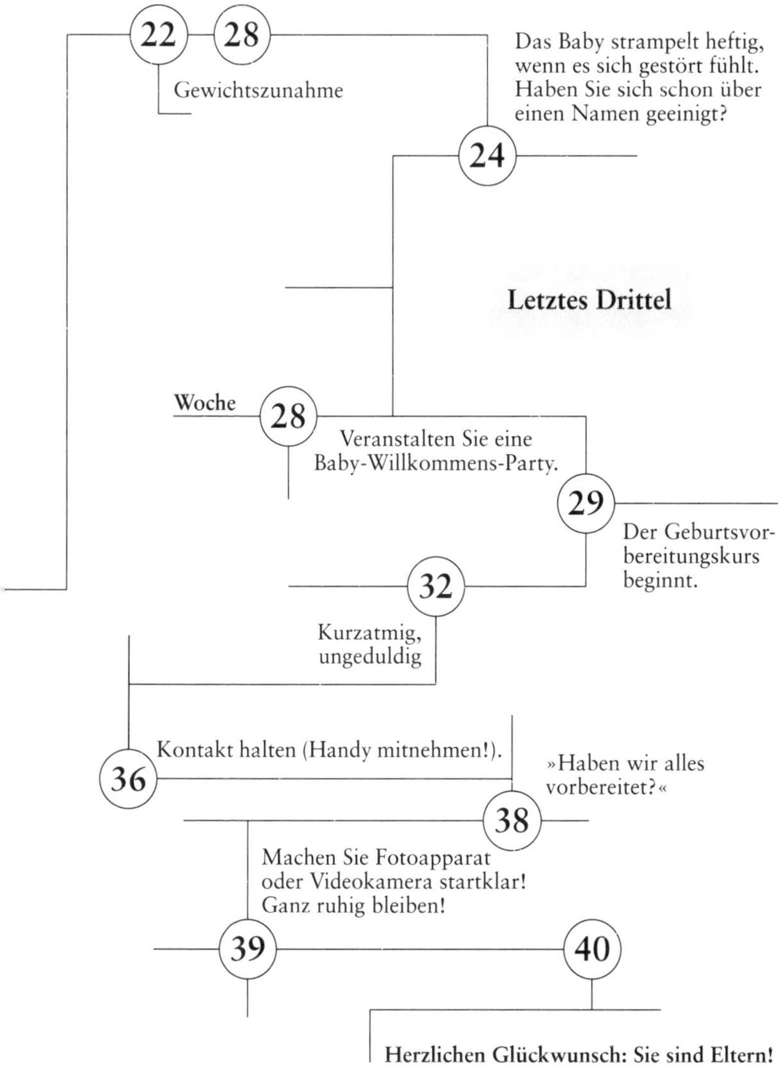
22
28
Gewichtszunahme
Das Baby strampelt heftig, wenn es sich gestört fühlt. Haben Sie sich schon über einen Namen geeinigt?
24
Letztes Drittel
Woche
28
Veranstalten Sie eine Baby-Willkommens-Party.
29
Der Geburtsvorbereitungskurs beginnt.
32
Kurzatmig, ungeduldig
Kontakt halten (Handy mitnehmen!).
36
»Haben wir alles vorbereitet?«
38
Machen Sie Fotoapparat oder Videokamera startklar! Ganz ruhig bleiben!
39
40
Herzlichen Glückwunsch: Sie sind Eltern!

Persönlichkeitsveränderungen

Neben physischen Veränderungen werden Sie noch andere Unterschiede zu früher bemerken. In dem Moment, in dem Ihre Partnerin begreift, daß sie ein Baby erwartet, fängt sie an, eine eigene Sprache zu sprechen. Ich nenne sie Prego-Lingo, auf deutsch: »Schwangerschaftschinesisch« (siehe Kapitel 4, Seite 34 ff.). Eventuell wird Ihre Partnerin vom Babyzimmer-Syndrom befallen (siehe Kapitel 24, Seite 119 ff.). Jeder kennt das. Sie besteht darauf, das Babyzimmer jetzt fertig zu machen – jetzt, obwohl das Baby erst in vier Monaten fällig wird!

Haben Sie jemals Ihrer Partnerin vorgeworfen, sie sei zu emotional? Machen Sie sich auf was gefaßt! Schwangerschaft treibt die Stimmungsschwankungen zu orkanartigen Stürmen. Kalkulieren Sie ein, von Ihrer Partnerin während der kommenden Monate immer wieder mal verblüfft zu werden. Versuchen Sie, sich im Fach Geduld zu üben! Ihre Liebste kehrt schon zu der ihr eigenen, gewiß weniger konfusen Wesensart zurück, sobald das Kind auf der Welt ist.

In der Zwischenzeit gibt es einige Maßnahmen, die Sie für Ihre eigene Gesundheit nutzen können und die Ihrer Partnerin helfen.

Die goldene Regel für werdende Väter

Während der nächsten Monate wird es Augenblicke geben, in denen Sie frustriert, verwirrt oder ängstlich sind. Sie werden es langsam leid, sich ständig die Beschwerdeliste der werdenden Mutter anhören zu müssen. Sie könnten sich sogar etwas einsam und verlassen vorkommen, denn Ihrer Partnerin und dem Baby wird alle erdenkliche Aufmerksamkeit gewidmet. Gegen Ende dieser »Umstandszeit« könnten Sie auch etwas unter chronischer Müdigkeit leiden, da Sie inzwischen viele der Aufgaben übernommen haben, die Ihre Frau vor ihrer Schwangerschaft selbst erledigt hat.

In welcher Situation Sie auch immer gerade stecken und kämpfen mögen, nehmen Sie sich die Zeit zum Nachdenken, und erinnern Sie sich an die goldene Regel für werdende Väter: »Es hätte schlimmer kommen können – du hättest schwanger werden können.«

Mal ehrlich. Männer tragen doch bei einer Schwangerschaft den leichteren Teil. Deshalb: Jedesmal, wenn Sie sich dabei erwischen, wie Sie im Selbstmitleid versinken, denken Sie an die goldene Regel für werdende Väter: »Es hätte schlimmer kommen können …«

Sie sollten diesen Spruch so oft wie möglich aufsagen. Und sagen Sie niemals zu Ihrer Partnerin: »Ich weiß, was du gerade durchmachst.« Und vergessen Sie diesen Rat ja nicht!

Auch wenn wir von werdenden Vätern reden, hat noch kein Mann die physische Erfahrung einer Schwangerschaft, von Wehen oder Geburt erlebt. Wir Männer wollen das auch gar nicht – offengestanden. Deshalb sollten wir alle vermeiden, steif und fest zu behaupten, wir wüßten, wie und was unsere Partnerin fühlt. Dies ist eines der schwangerschaftstypischen Probleme, die Sie nicht lösen und die Sie außerdem nicht völlig verstehen müssen.

Der Körper Ihrer Partnerin trägt das Baby aus. Sie ist diejenige, die darauf zu achten hat, was sie ißt und trinkt. Sie muß ihr Gewicht im Auge behalten, den Streßpegel und ihre

Kraft. Sie muß zum Arzt gehen, Untersuchungen über sich ergehen lassen, und letztendlich ist sie diejenige, die Wehen und Entbindung ertragen muß.

Ihre Rolle

Was bleibt für einen Mann zu tun? Sollte man sich jetzt für die Elternschaft richtig ausruhen, oder gibt es während dieser Monate für die Männer konkrete Pflichten?

Ich kann im Brustton der Überzeugung, auf der Grundlage völlig unwissenschaftlicher Aussagen und Gespräche mit frustrierten Müttern, erklären, daß jede schwangere Frau zwei Dinge von ihrem Partner erwartet: Engagement und Unterstützung.

Übrigens, sie, Ihre Partnerin, will für Sie die Schwangere sein. Für Sie will sich ihr Körper um fünfundzwanzig Prozent stärker aufblähen. Für Sie will sie die Wehen erdulden – und natürlich für dieses Baby, das irgendwann durch eine kleine Öffnung ihres Körpers herauskommen wird. Das ist genau das, was sie wirklich will.

Neben der Sorge ums Baby sollten Sie für Ihre Partnerin unbedingt noch etwas tun: Seien Sie ein echter Partner!

Sie können natürlich nicht für sie zum Arzt gehen, doch können Sie Ihre Partnerin begleiten. Wenn Sie sich genau wie Ihre Partnerin an die Vorschriften einer gesunden Ernährung halten, wird das dem Baby weder helfen noch ihm schaden. Ihrer Partnerin jedoch wird die Ernährungsumstellung dadurch wesentlich leichter fallen. Sie können während der Wehen zwar nicht für sie pressen, aber Sie können lernen, wie Sie ihr Trainer werden. Sie vermögen, ihr auf Dutzenden von großen und kleinen Gebieten zu helfen.

Vielleicht sind Sie auch der Typ von Mann, der seine Partnerin ständig beruhigt, ihr versichert, wie sehr er sie liebt und mit Geschenken überrascht oder mit Blumen überschüttet. Sind Sie so ein Supertyp, machen Sie bitte mal eine Pause, wenn Ihr Baby geboren wird. Sie machen es dem Rest der Männerwelt ja nur noch schwerer, da wir eigentlich Menschen sind, die so etwas nur tun, wenn man sie mit der Nase darauf stößt.

Doch während der Schwangerschaft müssen wir uns alle auf den Level von Supermännern begeben und unserer Partnerin unablässig das Gefühl vermitteln, sie zu lieben. Sie fühlt sich schnell verletzt, und ihr Aussehen wird während dieser neun Monate zu leiden haben. Keine Frage, sie wird sich nicht sonderlich wohl in ihrer Haut fühlen. Jetzt wird es Zeit, romantisch und helfend zu handeln. Falls Sie keine Übung mehr in solchen Dingen haben, hier einige Tips:

Zwölf einfache Dinge, mit denen Sie Ihre Partnerin unterstützen können

1. Hören Sie ihrem Klagen und Jammern zu. Sagen Sie ihr aber nicht, daß sie jammert.
2. Sagen Sie ihr, sie sehe gut aus, selbst wenn Sie bei ihr eine Gewichtszunahme feststellen.
3. Gehen Sie freiwillig mit ihr zu den Vorsorgeterminen.
4. Überraschen Sie Ihre Partnerin mit Blumen.

5. Schwänzen Sie mal einen Abend mit den Kumpels, um bei ihr zu Hause zu bleiben.
6. Keine dummen Sprüche übers Zunehmen!
7. Springen Sie ein beim Hausputz, Staubsaugen und Waschen.
8. Gehen Sie mit ihr in ein Fachgeschäft für Umstandsmoden: Großeinkauf!
9. Verabreichen Sie ihr Rücken- und Fußmassagen.
10. Kaufen Sie ihr ein Buch, das sie lesen mag.
11. Gehen Sie zu jedem Termin des Geburtsvorbereitungskurses mit.
12. Sagen Sie ihr: »Ich liebe dich!« – häufig, mehrmals, immer wieder.

Die Grundtendenz muß folgendermaßen aussehen: Während dieser neun Monate konzentrieren Sie sich darauf, Ihre Partnerin zufriedenzustellen. Je intensiver, desto glücklicher werden Sie beide sein.

Um dabei erfolgreich zu sein, brauchen Sie mehr als gute Absichten. Sie werden ein Lexikon benötigen. Warum? Weil Ihre Frau ganz schnell im Fach Schwangerschaft promovieren will. Um mit ihr Schritt zu halten, müssen Sie ebenfalls Schwangerschaftschinesisch lernen.

④

Schwangerschaftschinesisch

Es handelt sich hier um eine Fachsprache, die Frauen verblüffend schnell beherrschen, wenn sie schwanger werden.

Wie lange wird das dauern?

Eine Schwangerschaft dauert neun Monate. Richtig? Nein, falsch! Jede werdende Mutter weiß genau, daß die korrekte und einzig annehmbare Antwort lauten muß: Eine Schwangerschaft dauert vierzig Wochen.

Anfangs finden Sie es noch merkwürdig, so ein langwieriges Ereignis in Wochen zu rechnen. Nicht verzweifeln. Sie werden noch lange denken: »Neun Monate – ist eigenartig.« Im Lauf der Schwangerschaft und mit jedem Abhaken der notwendigen Vorsorgetermine wird das Ganze noch verworrener.

Nach reiflicher Überlegung bin ich zu dem Schluß gekommen, daß die Rechnerei der Schwangerschaftsdauer in Wochen ausschließlich dazu erfunden wurde, um die Männerwelt zu verwirren. Nun gut, lassen Sie es uns verkraften.

Während der ersten Monate macht die Rechnerei keine Probleme. Doch sobald die Halbzeit erreicht ist, stehen Sie mindestens fünf Minuten da und zählen die Wochen an Händen und Füßen ab.

Selbstverständlich gibt es vernünftige, medizinische Gründe für das Rechnen in Wochen. Veränderungen können schon innerhalb einer Woche eintreten, viele davon sind bekannt und vorhersehbar. Und 4,25 Monate rollt einem schließlich nicht so leicht von der Zunge. Nun ja, Sie hatten sich nun mal innerlich auf die verflixten neun Monate eingestellt.

Die Berechnung der Schwangerschaftsdauer ist eine geheimnisvolle medizinische Erfindung. Diese Kreation hat zwei Effekte: Für die schwangere Frau ist sie nützlich, für den Mann äußerst verwirrend.

Und das Ganze kommt noch schlimmer. Sobald Sie die Wochenrechnerei als Zählwerk anstelle der Monate angenommen haben, werden Sie noch oft mit einem geradezu unberechenbaren Faktor konfrontiert: mit den Trimestern oder Dritteln einer Schwangerschaft. Es gibt ein erstes, zweites und drittes Drittel oder Trimester der Schwangerschaft, also drei mal drei Monate. Logisch. Doch stop, im Schwangerschaftschinesischen gibt es ja keine Monate, sondern nur Wochen. Wie lassen sich vierzig Wochen in drei gleiche Teile dividieren? Also doch wieder Monate. Wenn das keine Verschwörung gegen uns Männer ist!

Wie soll es heißen?

Ein anderes spaßiges Verhalten von schwangeren Frauen liegt darin, daß über das Baby namentlich nur von »Baby« gesprochen wird. Hier eine Kostprobe: »Ich habe gerade mit dem Doktor über das Ultraschallergebnis gesprochen. Baby geht es gut.«

Sie wollen ihr grammatikalisch zur Hilfe eilen und antworten: »Oh, toll, *dem* Baby geht es gut.« Unter Garantie jedoch wird sie erwidern: »Ja, mein Liebling, Baby geht es wirklich gut.«

Aus Gründen, die ich nicht durchschauen kann, weigern sich Ärzte und Praxispersonal standhaft – und deshalb auch Ihre Partnerin –, den bestimmten Artikel in Verbindung mit Ihrem Baby zu verwenden. Wenn es Ihnen hilft, ernennen Sie sich einfach zu den einfallslosesten Eltern der Welt, die beschlossen haben, ihrem Baby den Namen »Baby« zu geben. »Baby« ist des Babys Name. Denken Sie nur daran, den Namen zu ändern, sobald Baby das Licht der Welt erblickt hat.

Unnützer Ballast

Neben diesen merkwürdigen Verhaltensweisen wird Ihre Partnerin anfangen, einen nicht abreißenden Schwall technischer Begriffe in Ihre Richtung zu schleudern. Ihr akademischer Grad an der Fakultät Schwangerschaft verstärkt das Gefühl männlicher Unzulänglichkeit zusehends.

Wo lernen die Frauen bloß alle diese Begriffe? Schwangere Frauen greifen begierig zu Schwangerschaftsbüchern. Dies ist an sich nicht schlecht. Ihr Hunger nach Information wird ihnen und ihrem Baby Vorteile bringen. Wenn so ein Baby in Ihnen heranwachsen würde, wären Sie auch schon ein wenig neugierig, was in Ihrem Körper dabei vorgeht. Übrigens, falls Sie einen Fachbegriff unbedingt kennen müssen, schlagen Sie das Glossar am Ende dieses Buches auf.

Der einzige Haken, wenn Ihre Frau all diese Bücher liest, besteht darin: Sie erwartet von Ihnen, daß Sie diese Bücher ebenfalls lesen. Klar, Sie lesen jetzt dieses Buch hier, so daß Sie eigentlich nicht noch das Ihrer Partnerin lesen müssen. Stets sollten Sie jedoch eine plausible Antwort auf die Frage parat haben: »Warum liest du denn nicht mein Buch?«

⑤

Sie lesen »ihr« Buch

Es gibt während der Schwangerschaft eigentlich wenig Dinge, die Sie mit Sicherheit einkalkulieren können. Zu diesen wenigen Dingen zählt aber garantiert der Wunsch Ihrer Partnerin, daß Sie »ihr« Buch lesen sollen. In der Regel hat dieser Buchbrocken vier- bis fünfhundert Seiten und enthält eine stattliche Anzahl von Zeichnungen der unterschiedlichsten Teile des weiblichen Körpers. Den finden Männer ja eigentlich immer ziemlich aufregend, wenn, ja wenn diese Abbildungen nicht so ... gräßlich medizinisch wären.

Geben wir es doch zu: So möchten wir den Körper unserer Partnerin nicht im Kopf behalten. Nun gut, nach der Geburt des Kindes könnten Sie vielleicht eine gelassenere oder reifere innere Einstellung zu diesem Thema einnehmen. Im jetzigen Stadium jedoch klammern Sie sich immer noch an die bisher etwas weniger mütterliche Ausstrahlung Ihrer Liebsten.

Und so geht der Tanz ums Schwangerschaftsbuch

1. Sie ersteht ein wirklich großes, dickes Buch über Schwangerschaft.
2. Sie erwartet, daß Sie es auch lesen.
3. Sie schafft es, in der ersten Nacht ungefähr hundertundeine Seite zu lesen.

4. Sie liest Ihnen langweilige Passagen daraus vor und zeigt Ihnen plakative Zeichnungen der weiblichen Organe. Das überzeugt Sie endgültig, nie wieder auch nur einen Blick in dieses Buch werfen zu wollen.
5. Sie schauen dann tatsächlich nie wieder in dieses Buch.
6. Sie beschuldigt Sie, daß Sie sich nicht um sie kümmern, und fragt Sie, warum sie mit der Schwangerschaft nichts zu tun haben wollen.
7. Sie fühlen sich wie ein Betrüger – aber nicht wie einer von der schlimmsten Sorte. Also bekunden Sie Ihren guten Willen und durchleiden das Buch. Und so geht die Quälerei fröhlich weiter!

Einige Männer bewerkstelligen diesen Eiertanz ums »goldene« Schwangerschaftsbuch besser als andere. Man könnte sie als die Habe-drei-Kapitel-gelesen-Männer bezeichnen – vielleicht waren es nur zwei oder so. Manche lesen keine Zeile. Einige erkennen das Buch am Umschlag, können aber den Titel nicht hersagen.

Er sagt
Meine Frau kannte sich in dem Buch immer besser aus als ich. Tauchte ein Problem auf, blätterte sie in dem Buch und versuchte, eine Lösung zu finden. Bei einem schweren Problem nahm ich allerdings ein dickes Buch. Ich habe jedoch niemals diese Schinken durchgelesen, um mich auf die Situationen vorzubereiten. – *Michael*

Lösungsvorschläge zum Buchproblem

Das Buchproblem ist schwierig zu lösen. Ihre Partnerin verdient Ihre Anerkennung und Ermunterung für den Zeitaufwand, den sie fürs Lesen und Lernen über physische und emotionale Veränderungen aufgrund der Schwangerschaft investiert. Diese besagten Bücher vermitteln den werdenden Müttern Wissen, Trost und Vertrauen in einer Zeit dramatischer physischer und emotionaler Belastungen.

Männer hingegen erfahren in ihrem Leben weniger physische oder von Hormonen ausgelöste emotionale Reaktionen. Bei ihnen wirkt sich die Schwangerschaft meistens auf ihre Beziehung aus.

Ich persönlich schlage drei Möglichkeiten vor, die Ihnen helfen können, den Tanz ums Schwangerschaftsbuch zu überstehen, ohne daß Sie Ihrer Partnerin auf die Füße treten:

Lesen Sie »ihr« Buch von vorne bis hinten

Sie werden nur dann Eindruck auf Ihre Partnerin machen, wenn Sie wirklich darüber Bescheid wissen, was sie durchmacht. Das einzige Negative dabei ist, daß Sie dann andere Männer mit Ihrem Wissen vollquatschen.

Lesen Sie dieses Buch

Deshalb habe ich es geschrieben – damit Sie nicht »ihr« Buch lesen müssen. Falls Ihre Partnerin anwesend ist, müssen Sie natürlich »ihr« Buch lesen. Sie sammeln sonst keine Pluspunkte, wenn sie nicht merkt, daß Sie Ihre Nase reinstecken. Jokerpunkte gibt es, wenn Sie ihr gelegentlich daraus laut vorlesen.

Erklären Sie ihr, warum es Ihnen schwerfällt, »ihr« Buch zu lesen

Werdende Mütter wollen, daß ihr Partner Engagement zeigt. Es scheint an diesem offenkundig notwendigen Schwangerschaftsbuch zu liegen, daß Frauen überhaupt nicht verstehen können, warum wir ihre Begeisterung fürs Schmökern nicht teilen.

Trifft dieser Umstand auf Ihre Situation zu, versuchen Sie, mit Ihrer Partnerin darüber zu sprechen, warum Sie dieses verflixte Buch so unbequem und öde finden. Ihre Liebste könnte Sie verblüffen, indem sie zugibt, daß der größte Teil des Buches in der Tat nur für sie von Interesse ist. Und Sie selbst werden vielleicht überrascht feststellen, daß es in jedem modernen Schwangerschaftsbuch ein sehr gutes Kapitel gibt, das sich ausschließlich mit den Herren der Schöpfung befaßt.

Das Ganze beruht auf dem Anspruch, den jede schwangere Frau kategorisch erhebt: Jeder Mann muß ein Mindestquantum an Anteilnahme abliefern. Damit wird jeder Einwand gegen das offerierte Buch im Keim erstickt. Sie können beim Wann, Wie, Wo wählen, doch Sie müssen ihr den kleinen Liebesdienst erweisen, »ihr« Buch zu lesen.

Er sagt
Meine Frau war »buchgläubig«. Sie las das Buch Zeile für Zeile. Ich schwamm mit dem Strom, behielt aber meinen gesunden Menschenverstand. Ich denke mal, ich hatte keinerlei Einfluß auf ihr Schwangerschaftsverhalten. *– Kevin*

Meine Partnerin las »Was Sie erwartet, wenn Sie ein Kind erwarten.« Sie wollte unbedingt, daß ich das Buch auch lese. Also tat ich es – in den zwei, drei Monaten. Doch länger habe ich es nicht ausgehalten. *– Mike*

❷

SYMPTOME

⑥

Körperliche Symptome

Sie lesen jetzt eine Menge über die körperliche Verfassung Ihrer Partnerin. Sie könnten sie dann als Jammerlappen hinstellen, doch das hätte nur zusätzliches Wehklagen zur Folge – Klagen darüber, daß Sie ihr Klagen nicht anhören. Sie sehen, wo dieser Weg hinführt.

Wenn Sie in der Lage sind, mit Ihrer Partnerin in einer Art zu harmonieren, die sie von Ihnen erwartet, sollten Sie ein wenig über die Vorgänge in ihrem Körper lernen. Halt, stop! Ich merke, Sie fassen dieses Buch jetzt genauso mit spitzen Fingern an, wie eines »ihrer« Schwangerschaftsbücher, weil Sie über das ganze medizinische Zeug einfach nichts wissen wollen. Doch keine Angst, ich verspreche Ihnen hoch und heilig, die desillusionierenden grafischen Darstellungen und die gefühlstötenden Diagramme wegzulassen.

Schauen wir jedoch den Tatsachen ins Gesicht. Der Körper Ihrer Partnerin verändert sich ständig, und damit müssen Sie leben.

Was Sie unbedingt wissen müssen, ist folgendes: Jede sichtbare Veränderung bedeutet für Ihre Partnerin eigentlich nur die Spitze vom Eisberg. Sie leidet weit mehr darunter, als Sie äußerlich erkennen können.

Und garantiert werden Sie von ihr hören, wie sie sich fühlt. Seit wir Männer sind, haben wir so etwas noch nie am eigenen Leib durchgemacht. Das einzige, was wir tun können, ist der Versuch, uns in die Situation unserer Partnerin so weit wie möglich hineinzuversetzen. Schauen Sie sich die nachfolgend aufgeführten Symptome, die eine Schwangerschaft begleiten, an.

Ein paar Zahlen
Die am häufigsten auftretenden Symptome, die von schwangeren Frauen angegeben werden:

1. Häufiges Urinieren	*89 %*
2. Müdigkeit	*82 %*
3. Gewichtszunahme	*79 %*
4. Übelkeit	*66 %*
5. Rückenschmerzen	*61 %*
6. Eigenartige Gelüste	*56 %*
7. Schlaflosigkeit	*51 %*
8. Anschwellen der Brüste	*51 %*
9. Geruchsempfindlichkeit	*49 %*
10. Abneigung gegen bestimmte Lebensmittel	*42 %*

Er sagt
Sie gierte nach mexikanischen Bohnen aus einem Fast-food-Restaurant. Sie muß eine ganze Tonne davon gegessen haben, denn sie kurvte später wie ein Müllwagen mit Gasmotor durchs Haus. Große Bohnen auswärts essen und daheim eine Riesenfurzerei. Wir kamen aus dem Urlaub von Los Angeles, Highway 101 – der Verkehr war der reine Horror. Da meinte sie zu mir: »Nimm diese Abfahrt, ich will Bohnen essen – jetzt.« Und bei jedem erreichbaren Fast-food-Restaurant, das Bohnen anbot, schossen wir von der Autobahn runter. – *John*

Carrie war die ganze Zeit müde. Sie rief mich übers Autotelefon an und sagte, sie wolle zum Supermarkt fahren. Doch fuhr sie vorher auf einen Parkplatz und machte dort ein dreistündiges Nickerchen im Auto. Sie kam um 17.00 Uhr heim und schlief dann bis zum nächsten Morgen um 8.30 Uhr. Sie schlief ständig. Drei Monate lang. *– Mike*

Morgendliches Unwohlsein

Erinnern Sie sich, wie es Ihnen nach Ihrer letzten durchzechten Nacht ging? Nun stellen Sie sich vor, Sie müßten Nacht für Nacht bis zum Abwinken bechern und die Folgen jeden Morgen durchleiden. Das ist vergleichbar mit dem, was viele schwangere Frauen über Wochen erleben, wenn sie morgens aus dem Bett klettern. Und das, ohne irgendeinen Spaß erlebt zu haben.

Das muß man sich mal vorstellen: ein ständiger Kater ohne Party! Jeden Tag, über Wochen. Überlegen Sie mal, wie vergnügt Sie an die vergangene Nacht denken, wenn Sie verkatert Ihre Socken suchen.

Morgendliches Unwohlsein ist eigentlich eine nicht ganz korrekte Bezeichnung. Ihrer Partnerin kann es auch am Nachmittag und Abend übel werden. Übelkeit tritt im allgemeinen in den ersten paar Wochen der Schwangerschaft auf und verliert sich nach dem ersten Drittel. Die gute Nachricht: Etwa die Hälfte der Frauen leidet nicht unter Übelkeit während der Schwangerschaft. Seien Sie glücklich, wenn Ihre Partnerin dazu gehört!

»Ich muß mal«

»Ich muß mal!«, das wird Ihre Partnerin immer nachdrücklicher und in immer kürzeren Abständen sagen.

Unterlassen Sie besser während der nächsten Monate irgendwelche dummen Witze über eine schwache Blase. Wenn Sie ein Baby in Ihrem Körper trügen, und die anwachsende Gebärmutter auf die Blase drückte, würden Sie auch alle Nase lang auf die Toilette rennen müssen. Zum Glück stellt sich dieser Harndrang hauptsächlich während der ersten drei Monate ein. Und dann erst wieder ungefähr im letzten Monat, wenn nicht mehr genug Platz für das Baby und die Blase im Körper ist.

Gelüste

Bis zu einem gewissen Punkt futtert eigentlich jeder Mensch gern Knabberzeug, doch selbst die Gefräßigsten könnten Sie nicht auf die Gelüste und Freßanfälle vorbereiten, die Ihre schwangere Partnerin befallen.

Keine Frage, es sind Gelüste. Schätzen Sie sich glücklich, wenn Ihre Partnerin nur nach gesunden, mexikanischen Gerichten verlangt.

Eine werdende Mutter betrat mal einen Laden, um Oliven zu kaufen, doch bevor sie wieder ging, verputzte sie fünfunddreißig Oliven an Ort und Stelle.

Weniger bekannt als die Gier nach bestimmten Lebensmitteln ist die Abneigung gegen einzelne Lebensmittel. Viele schwangere Frauen ekeln sich regelrecht vor manchen Nahrungsmitteln. Oft sind das sogar welche, die vor der Schwangerschaft zu ihren Lieblingsspeisen zählten.

Sie werden außerdem erstaunt registrieren, daß Ihre ehemals so gesundheitsbewußte Partnerin plötzlich nach Fett nur so giert. Solange sie auch gesunde Nahrung zu sich nimmt, müssen Sie sich keine Sorgen machen.

Denken Sie daran, Gelüstchen sind niemals verkehrt. Es könnten zwar seltsame und vielleicht sogar aberwitzige Gelüste sein, doch was eine Schwangere essen will, will sie eben essen. Ihre Aufgabe ist es, das Gewünschte flugs herbeizuschaffen.

Müdigkeit

Ihre Partnerin ist müde. Ja nun, denken Sie, ich auch.

Nein, Sie verstehen nicht. Vor dem Baby arbeitete sie jeden Tag, kam dann heim und erledigte ihren Haushalt mit den vielen kleinen Handgriffen, die Sie auch tun würden, wenn Sie nicht ein Mann wären. Und sie hat sich trotz der Doppelbelastung nie beklagt, daß sie müde wäre. Doch jetzt ist sie wirklich müde, richtig müde, wenn sie sagt, sie sei müde.

Sie wären auch müde, wenn Sie aus dem Nichts ein ungeborenes Leben in Ihrem Körper erschaffen müßten – so erklärte es mir eine werdende Mutter.

Es gibt zudem einen plausiblen Grund, verständnisvoll zu sein. Nach den neun Monaten werden Sie an der Erschöpfungsparty teilnehmen. Wenn Ihr Baby auf der Welt ist, werden Sie einem Schlafmangel ausgesetzt sein, von dem Sie bisher dachten, er sei militärischem Drill vorbehalten. Sie werden morgens auf allen vieren zur Arbeit krauchen, nach einer mit mehrmaligem Füttern oder Dauergeschrei verbrachten Nacht. Und Sie werden sich fragen, wie irgend jemand sich freiwillig für ein zweites Kind entscheidet.

Wollen Sie auch nur einen Funken Hoffnung haben, daß Ihnen Ihre Partnerin später auch nur ein Fitzelchen Mitleid entgegenbringt, sollten Sie jetzt ihre Müdigkeit ernst nehmen und ihr hilfreich zur Seite stehen. Der Tag kommt unweigerlich, an dem Sie am eigenen Leib spüren, daß Ihre Partnerin Ihnen nichts vorgemacht hat.

Sie sagt
Jetzt ist nicht der richtige Zeitpunkt, um zu sagen: »Mußt du wirklich diese Pommes essen?« Ich kann dir nur antworten: »Ja, ich muß!« – *Janice*

⑦

»Launisch? Wer ist hier launisch?!«

Sie dachten vielleicht, Ihre Partnerin wäre launisch gewesen, bevor sie schwanger wurde. Denken Sie darüber noch mal nach.

Nachfolgend ein paar Anzeichen, die zeigen, daß Ihre Partnerin besonders empfindlich reagiert:

- Fernsehwerbung treibt ihr die Tränen in die Augen.
- Sie finden sie zusammengesunken über dem Küchentisch, weinend. Fragen Sie, was los sei, schluchzt sie jämmerlich, sie habe den Toast anbrennen lassen.
- Wenn Sie nur andeuten, sie sei ein bißchen launisch, brüllt sie zurück. »Launisch? Wer ist hier launisch?!«

Schwangere Frauen können ihre körperlichen Veränderungen nicht verleugnen. Und werdende Mütter sind verständlicherweise äußerst sensibel in ihrem emotionalen Zustand.

An ihren Stimmungsumschwüngen tragen sie keine Schuld. Eine Schwangere wird von ihren Hormonen wie eine Kugel im Flipperautomaten hin und her gestoßen. Sie kann sich nicht selbst helfen. Versuchen Sie deshalb geduldig zu bleiben. Sagt man ihr, sie habe schlechte Laune, kann das ungeahnte Reaktionen hervorrufen und sie noch mehr in Rage bringen. Frauen mögen es allerdings überhaupt nicht, wenn Männer ihre Gefühle einfach als Produkt ihrer Hormone abtun, schon gar nicht, wenn sie schwanger sind.

Nicht alle Frauen legen diese emotionale Achterbahn des Himmelhoch-jauchzend-und-zu-Tode-betrübt-Seins an den Tag. Gehört Ihre Partnerin zu jenen Frauen, schätzen Sie sich glücklich. Falls sie jedoch schlecht gelaunt scheint, versuchen Sie herauszufinden, wo der Hase im Pfeffer liegt. Stellen Sie Fragen, und Sie werden entweder eine schwangerschaftstypische Tatsache oder ein Problem, das Sie lösen können, aufdecken. Gezieltes Fragen und aufmerksames Zuhören hilft Ihrer Partnerin am wirkungsvollsten.

Sie sagt

Unsere Hormone toben. Sie rasen. O.K.? An einem Tag sind wir überglücklich, am nächsten Tag heulen wir. Männer müssen verstehen, daß so etwas ohne Grund geschieht. So verhalten wir Frauen uns eben während der Schwangerschaft.

– *Nancy*

Männer verfangen sich in den Märchen über Schwangerschaft. Außerdem hatte ich einen schlimmen Tag. Ich war völlig gelassen. Aber er brachte mich auf die Palme, als er sagte, ich sei ein Emotionsbündel.

– *Carrie*

⑧

Man leidet mit

Herzlichen Glückwunsch! Sie üben Nachsicht, was die Freßlust Ihrer Partnerin anbelangt, hören sich verständnisvoll ihre verschiedenen Klagen über ihre körperlichen Beschwerden an und gaukeln ihr vor, sie sei nicht launisch.

Als moderner, empfindsamer Mann werden Sie sich aber wahrscheinlich bald fragen: »Eh, Mann, was ist eigentlich mit mir?«

Sie fühlen sich vielleicht stark gestreßt, stecken voller Emotionen und haben sogar seit einer Weile Magenschmerzen. Was vermuten Sie? Sie sind ... schwanger!

Lassen Sie mich das erklären. Sie sind natürlich nicht schwanger. Es gibt allerdings Männer, die emotional derartig von der Schwangerschaft ihrer Partnerin beeinflußt werden, daß sie anfangen, die gleichen physischen und emotionalen Schwankungen wie ihre Partnerin zu zeigen.

Manche Männer verhalten sich nach der Geburt sogar wie eine Wöchnerin. Dieses Verhalten nennen die Psychologen Couvade oder Couvade-Syndrom – Männerkindbett.

Untersuchungen zeigen, daß viele Männer wenigstens eine der üblichen Begleiterscheinungen einer Schwangerschaft selbst verspüren. Doch nur einer von zehn Männern leidet unter dem Couvade-Syndrom.

Überraschend ist jedoch folgendes: Männer, die sich bei ihrer Partnerin beklagen, sie fühlten sich »schwanger«, ernten nicht unbedingt Beifall. Versuchen wir doch mal herauszufinden, warum das »Mitleiden« bei schwangeren Frauen nicht ankommt.

Ihre Partnerin durchleidet die Erfahrungen – wie Erbrechen, Schlaflosigkeit, Gewichtszunahme, Freßlust und Stimmungsschwankungen –, weil das Baby in ihrem Körper heranwächst.

Was können Sie zu Ihrer Entlastung vorbringen? (Pause. Pause. Pause.)

Kommen Sie also auf den Teppich. Sollten Sie ernsthafte physische oder emotionale Reaktionen zeigen, die Sie belasten, gehen Sie zum Arzt, um sich fachmännischen Rat zu holen. Doch was er auch immer sagt, vergeuden Sie keine Zeit mehr damit, Ihre Partnerin überzeugen zu wollen, Sie wüßten genau, was sie gerade durchmacht.

Nichts ist gefährlicher als eine Anspielung auf das Gewicht Ihrer Partnerin. Sie wissen, sie ist schwanger. Sie weiß, daß sie schwanger ist. Schwangere Frauen nehmen zu. Klingt ganz einfach. Ist es aber nicht!

Sie sagt

Er stöhnt, daß ihm der Rücken weh tut oder daß er zum Blutspenden muß. Ich denke so bei mir: »Du solltest mal schwanger sein!« – *Carrie*

❸

GUT AUSSEHEN, SICH WOHL FÜHLEN

9

»Bin ich dick?« und andere Fangfragen

Ungefähr zehn Sekunden, nachdem Ihre Partnerin sich bewußt ist, daß Sie sich Ihnen »präsentiert«, wird sie Ihnen mit Fangfragen auf die Nerven gehen. Lassen Sie mich demonstrieren, was passiert, wenn man unabsichtlich auf die schlimmste aller Fangfragen zu sprechen kommt: »Bin ich dick?«

Sie: Bin ich dick?
Er: Nein, Du siehst wunderbar aus.
Sie: Ach, das sagst du doch nur. Ich fühle mich schwer wie ein Nilpferd.
Er: Nun ja, natürlich bist du etwas stärker geworden. Du bist schließlich schwanger.
Sie: Aha! Du findest mich also dick! (Sie fängt an zu heulen …)
Er: Was habe ich denn bloß gesagt?

Die Wahrheit! Wie dumm! Da hat doch einer die Wahrheit gesagt! Sie werden feststellen, daß Fangfragen gemeinsame Merkmale besitzen:

1. Ihre Partnerin weiß schon immer die Antwort, bevor sie überhaupt fragt.
2. Von Ihnen wird erwartet, daß Sie ihr das sagen, was Sie hören möchte. Aber bestimmt nicht die Wahrheit.

3. Nachdem Sie ihr zugeflötet haben, was sie hören wollte, möchte Ihre Partnerin Sie überreden, die Wahrheit zu sagen.
4. Sie will aber nicht von Ihnen die Wahrheit hören. Und sollten Sie etwa Ihre Antwort ändern, wird sie das umhauen.

Während eines großen Teils der Zeit, die man gemeinsam verbringt, ist es für eine Beziehung eine gute Sache, bei der Wahrheit zu bleiben. Während der Schwangerschaft jedoch müssen einige auf ihre Gültigkeit geprüften sozialen Verhaltensregeln, wie beispielsweise Ehrlichkeit, außer Kraft gesetzt werden.

Frauen, die zunehmen, sind häufig persönlich beleidigt. Bei Männern findet das nicht in dem Maße statt. Sobald Männer an Körpergewicht zulegen, reden sie sich häufig ein, sie sähen dadurch solider oder auch wesentlich reifer aus. Zur Freude der Hersteller legerer Freizeitkleidung kümmern sich viele Männer nicht sonderlich um ihr äußeres Erscheinungsbild. Oft zum Leidwesen ihrer Partnerin.

Frauen hingegen sind in der Tat nicht sehr entzückt über die Umwandlung ihres Bauches in eine Kugel. Sie hadern damit, daß diese Veränderung ihres Äußeren auch Sie zu einer anderen Sichtweise veranlaßt und auch Ihre Gefühle ihr gegenüber verändert. Die Frauen halten sich jetzt weder für attraktiv noch für begehrenswert. Sie fühlen sich in diesem Moment in ihrer eigenen Haut nicht mehr wohl. Außerdem sorgen sie sich, ob sie ihr Übergewicht nach der Geburt des Babys wieder verlieren. Ihre Kleidung sitzt nicht mehr richtig und sieht nach ihrer Meinung schlichtweg doof aus.

Ihre Partnerin braucht jetzt unbedingt seelische Unterstützung von Ihnen – und keine Bestätigung ihrer Ängste. Sie weiß, ihr Körper ist dicker geworden. Was sie nicht genau weiß, ist, ob es Ihnen etwas ausmacht. Ihr zu sagen, es mache Ihnen nichts aus, zählt zu den tollsten Geschenken, die Sie ihr jetzt machen können. Sie sollten es freiwillig und großzügig tun, selbst wenn Sie wie gedruckt lügen müssen.

Ich empfehle Ihnen dringend zu üben, denn – genaugenommen – kommt bestimmt ein Punkt, an dem es verflixt schwer sein wird, weiterhin gute Miene zum bösen Spiel zu machen, sobald diese »dicke« Fangfrage im Raum steht.

Glücklicherweise wird die Natur Ihnen helfen. Es macht Ihnen wahrscheinlich Spaß, Ihre Partnerin neu zu entdecken. Vielleicht sehen Sie sogar einen Heiligenschein um ihren Kopf schweben. Und der macht Ihre Frau attraktiver – als junge Mutter und Lebensspenderin. Wenn Sie das so sehen, sagen Sie es ihr immer wieder. Im Zweifelsfall – lügen Sie wie ein Teufel! Einige »erlaubte« Antworten sind:

»Die Schwangerschaft bekommt dir wirklich gut.«

»Nicht zu glauben, wie schön du durch die Schwangerschaft geworden bist.«

»Du trägst wirklich einen Heiligenschein.«

»Wenn ich es nicht wüßte, würde ich es nicht glauben, daß du schwanger bist.«

»Ich glaube nicht, daß man überhaupt was sieht.«

»Noch nie hast du strahlender ausgesehen.«

Er sagt
Sie jammerte: »Ich bin zu dick!« – Das Spiel begann. Ich mußte antworten: »Nein, Liebling, bist du nicht.« Einmal wollte ich bei der Wahrheit bleiben und sagte: »Ja, Liebling, etwas hast du zugelegt, doch du trägst ja unser beider Kind, ist doch alles O.K.« Damit kam ich nicht gut an. Sobald ich das mit dem Zulegen gesagt hatte, war das Spiel aus. *– John*

Sage niemals: »Du könntest vielleicht ein paar Pfündchen zugenommen haben.« Ich war zum Glück niemals so doof, die Wahrheit zu sagen. Alles abstreiten, das ist die einzige Rettung. *– Mike*

Noch mehr Tricks

Das Beharrungsvermögen Ihrer Partnerin beim Thema Gewicht kann eine Lawine anderer Fangfragen ins Rollen bringen. Einige der gängigen Fragen und die entsprechenden notwendigen Antworten sind:

»Sieht man's mir sehr an?« (Nein!)
»Findest Du mich noch attraktiv?« (Ja!)
»Glaubst du, ich reagiere übertrieben?« (Nein!)

In einem schwachen Moment könnte sie sogar fragen: »Liebst du mich noch?« Natürlich glauben Sie, diese Frage sei ganz leicht zu beantworten. Das Problem der Fangfragen ist jedoch: Selbst wenn Sie die korrekte, erwartete Antwort – in diesem Fall ein Ja – geben, könnten Sie trotzdem in Schwierigkeiten geraten, sofern Sie nicht schnell genug oder glaubhaft antworten. Fassen wir zusammen. Die einzig richtige Lösung bei Fangfragen lautet: Schwindeln, denn die Wahrheit tut oft unnötig weh!

Bedauerlicherweise muß man sagen, nur zu flunkern reicht nicht aus. Sie müssen dabei vollkommen überzeugend und souverän wirken. Ihre Frau wird nicht nur eine Fangfrage stellen, sondern sie will auch nicht die Wahrheit wissen. Da Sie beim Antworten schwindeln, wird Ihre Partnerin das Ganze näher erörtern wollen und versuchen, Sie von der Wahrheit zu überzeugen (dabei kennen Sie ja bereits die Wahrheit). Sie müssen jetzt durchhalten und Ihre Lüge vehement verteidigen. Sie aber besteht auf einem Wahrheitsstandpunkt, den sie auf keinen Fall aus Ihrem Mund hören möchte.

Deshalb nennt man so heikle Fragen Fangfragen.

Sie sagt
Er war stolz darauf, mir zu sagen, ich sähe wunderschön aus und trüge einen Heiligenschein. Ich liebe solche Sprüche. Auch dann noch, wenn man als Frau antwortet: »Ich bin nicht schön, ich bin dick. Mein Gesicht ist aufgedunsen, meine Füße sind geschwollen.« Und dann erst recht auf Komplimente bestehen! *– Janice*

⑩

Gewichtszunahme, die Kleider werden weiter

»Ich habe nichts zum Anziehen.« Das haben Sie sicher schon häufig gehört. Schon im ersten Drittel der Schwangerschaft werden die Kleider Ihrer Partnerin zu eng und unbequem. Im zweiten Drittel wiederum sehen ihre Outfits aus der Zeit vor der Schwangerschaft mehr out als fit aus.

Für viele Frauen bedeutet die Kleiderfrage eine außerordentlich wichtige Angelegenheit. Wie die Beliebtheit von Fangfragen beweist, fühlen sich werdende Mütter verständlicherweise sehr unsicher, was ihr Erscheinungsbild betrifft. Kleider, die sie nicht kleiden, schüren ihre Ängste.

Über kurz oder lang bestehen die einzigen Sachen, die übriggeblieben sind und auch passen aus Sweatshirts. Dies klingt für den Durchschnittsmann wie Musik. Wir als Männer wären vollkommen zufrieden, wenn wir am Wochenende nur mit einem Sweatshirt bekleidet herumschlumpfen dürften. Versuchen Sie jedoch mal, sich vorzustellen, wie verzweifelt sich die Lage für Ihre Partnerin darstellt, der plötzlich keines ihrer Kleidungsstücke mehr paßt.

Aus ihrer Sicht versucht sie ihr Bestes, Ihnen die Schwere dieser Tatsache nahezubringen.

Natürlich verkaufen entsprechende Modegeschäfte Umstandskleider, die sich weiten, wann und wo auch immer die werdende Mutter an Fülle zulegt. Als Mann fühlt man sich jedoch in dieser Situation, als hätte man die Lösegeldforderung eines Geiselnehmers für diesen zeitlich befristeten Kleiderschnitt und das bißchen Bequemlichkeit zu zahlen. Ihre Partnerin allerdings sehnt sich aber nur nach Outfits, die ihrer leicht aufgeblasen wirkenden Figur etwas schmeicheln. Sie möchte von den gesalzenen Preisen in diesen Spezialläden nicht auch noch geschockt werden.

Es gibt verschiedene Wege, wie Sie Ihrer Partnerin als Kostümbildner dienen können. Sollten es Ihre Finanzen erlauben, kaufen Sie ihr einen Geschenkgutschein für so ein Umstandsmodengeschäft. Dort bekommt sie dann die Klamotten, die sie wirklich will, ohne sich schuldig zu fühlen, die Haushaltskasse geplündert zu haben.

Sollte die Kostenfrage problematisch sein, versuchen Sie, in Ihrem Freundes- oder Bekanntenkreis in Erfahrung zu bringen, ob dort noch entsprechende Kleidung in passender Größe von einer anderen kürzlich erfolgten Schwangerschaft zu bekommen ist. Vielleicht hat man noch wenig getragene Stücke, und man ist bereit, Ihnen auszuhelfen.

Sie sagt

Kleider sind für mich wichtig. Ich bin berufstätig, und sie geben mir einfach ein professionelleres Aussehen. Als es soweit war und ich mir Umstandsmoden kaufte, dachte Bruce, ich hätte wohl vergessen, daß eine Schwangerschaft nur neun Monate dauert. Fast hätte er mich gefragt: »Bist du sicher, daß du all diese Kleider wirklich brauchst.« – *Nancy*

Wir sind schwanger. Wir tragen unser Kind aus. Wir werden uns entsprechend kleiden – und dafür Geld ausgeben, für das, was wir wollen. – *Janice*

Sie können auch Secondhand-Läden für Umstandskleidung frequentieren. Praktisch bei einer Schwangerschaft ist, daß während der neun Monate die weiten Klamotten wenig getragen wurden. Schwangerschaftsmoden werden daher herumgereicht wie Kekse. Solange sie irgendeiner Frau passen, besteht keine Notwendigkeit, neue zu kaufen.

Sie gehen vielleicht davon aus, Umstandskleidung sei ausschließlich ein Problem Ihrer Partnerin. Deren Gewichtszunahme kann sich jedoch sehr empfindlich auf ihr Selbstwertgefühl auswirken. Dies wiederum zieht dramatische Folgen für Ihre Liebesbeziehung nach sich. Außerdem beeinflußt die Kleidung das Äußere Ihrer Frau. Auf Sie mag sie attraktiv wirken, aber sie wird keine romantischen Gefühle entwickeln, es sei denn sie findet sich selbst attraktiv. Und bequeme Kleidung kann zu letzterem beitragen.

Einkaufen gehen, Leute!

Wird sie je wieder schlank?

Manche Männer denken wenig über ihre eigenen Klamotten oder gar ihr Gewicht nach. Allerdings schenken fast alle dem Aussehen ihrer Partnerin viel Aufmerksamkeit. Da ist es doch ganz natürlich, die Gewichtszunahme der Partnerin zur Kenntnis zu nehmen und auch die Frage zu stellen, ob sie nach der Geburt die Zusatzpfunde wieder los bekäme.

Das ist eine völlig normale Angelegenheit. Jeder Frau dürfte es schwerfallen, so um die zwanzig oder dreißig Extrapfündchen zu verstecken. Außerdem brauchen die meisten

Frauen Monate, um das Gewicht, das sie vor der Schwangerschaft hatten, zurückzugewinnen.

Sollte Sie das Gewichtsproblem Ihrer Partnerin interessieren, hier ein paar gute Nachrichten. Sie kommen ohnehin nicht daran vorbei.

Frauen sind genauso wie ihre Partner daran interessiert, daß diese Schwangerschaftsfigur wieder verschwindet.

Beider Interessen lassen sich nur unter einen Hut bringen, indem Sie Ihre Liebste beruhigen und rundum alles an ihr lieben, auch wenn ihr Körper etwas aus den Fugen geraten ist.

Ein paar Zahlen

Die gängige Gewichtszunahme während der Schwangerschaft beträgt bei einer normalgewichtigen Frau im Durchschnitt zwanzig bis dreißig Pfund.

Er sagt

Mich interessiert Kleidung wenig. Ich gehe auch nicht gern einkaufen. Doch für meine Frau ist Kleidung sehr wichtig. Und als sie zunahm und man sah, daß sie schwanger war, begann für sie ein täglicher Kampf, Kleidungsstücke zu finden, die richtig saßen. Das alles deprimierte sie sehr. – *Michael*

Man muß einfach in die Offensive gehen: »Hallo, Liebling, du siehst zauberhaft aus, aber wenn du in ein paar Wochen bequemere Kleidung brauchst, gehe ich mit dir einkaufen.« Warum nicht das Spiel eröffnen und es ihr gleich anbieten, wo der Mann doch sowieso alles bezahlen muß. – *Michael*

⑪

Brüste

Brüste. Stellen Sie sich diesem Thema! Männer mögen Brüste. Wir sind berüchtigt dafür, daß wir sie anglotzen. Frauen behaupten sogar, wir würden mit ihrer Brust sprechen.

O.K., O.K. Wir geben es ja zu. Männer sind in der Regel von den Brüsten der Frauen fasziniert.

Was wäre, wenn es eine sichere, natürliche und preiswerte Methode gäbe, die Brust Ihrer Partnerin attraktiver zu gestalten. Sie gibt es tatsächlich. Und die Methode heißt: Schwangerschaft.

Sie sagt
Wir waren auf einer Party. Er hatte schon ein paar Bier getankt, und ich hörte ihn sagen: »Sie ist so toll. Sie hat herrliche Brüste!« Er war so stolz auf mich, als wäre ich so eine Art Hauptgewinn. – *Carrie*

Ein paar Zahlen
Während der gesamten Schwangerschaft kann die Brust um bis zu drei Körbchennummern größer werden.

Die Schwangerschaft vergrößert auf natürliche Weise die weibliche Brust. Keine Implantate, auch sonst nichts aufregendes, doch größere Brüste.

Schon im ersten Schwangerschaftsmonat wird Ihnen auffallen, daß sich die Brust – im Profil betrachtet – anhebt und strafft. So etwas kann auf einen Mann ganz schön auf- und anregend wirken.

Lechzen Sie nicht zu viel nach den Brüsten. Denken Sie bitte daran, diese erfreuliche Verwandlung hat die Natur nicht zu Ihrem Nutzen erfunden. Es gibt einen weitaus aktuelleren Anlaß, die Brust zu vergrößern. Sie dient ja bald der »automatischen« Essensausgabe. Für viele Frauen bedeutet das dann: Hände weg vom Busen! Sie haben richtig gehört. Genau in dem Moment, in dem die Brust der Partnerin ständig größer und damit begehrenswerter als jemals zuvor wird, darf man sie nicht mehr anfassen.

Der Hauptgrund, warum Sie höchstpersönlich die stark entwickelte Brust Ihrer Partnerin mit einem Schild »Anfassen strengstens verboten!« versehen sollten, liegt in der großen Empfindlichkeit. Das Anschwellen der Brüste macht diese besonders schmerzempfindlich. Deshalb ist es in den ersten paar Monaten besser, diesen »persönlichen Besitz« nur zu betrachten, aber nicht anzufassen.

Im zweiten Drittel der Schwangerschaft läßt die Schmerzempfindlichkeit der Brüste in der Regel nach – Ihre geheimen männlichen Sehnsüchte aber nicht. So wird Ihnen ständig die Frage auf der Zunge brennen: »Darf ich sie bitte anfassen?«

So etwa in der Halbzeit der Schwangerschaft wird Ihre Partnerin möglicherweise entdecken, daß ihre Sensibilität im Brustbereich den Spaß an der Liebe steigert. Aber jede Schwangerschaft verläuft etwas anders. Sprechen Sie mit Ihrer Partnerin! Sagen Sie ihr, was Sie möchten. Und fragen Sie nach ihren Vorlieben.

Nun sind Sie vorbereitet auf die Frage aller Fragen während der Schwangerschaft: »Wie steht's mit dem Sex?«

Ein paar Zahlen

Veränderungen der Brust nach eigenen Angaben schwangerer Frauen:

Größer	93%
Nachdunkeln des Brustwarzenhofes	70%
Krampfadern	52%
Ausfluß	43%
Berührungsempfindlichkeit	41%

⑫

Sex

Hallooo? Jemand zu Hause? Für einige Männer herrscht tote Hose, was ihr Sexualleben in den ersten paar Monaten der Schwangerschaft anbelangt. Lassen Sie uns das mal näher betrachten. Ihre Partnerin befindet sich im Streß, fühlt sich elend, ißt für zwei und schläft zu jeder Tages- und Nachtzeit. Sie besitzt weder die Kraft noch das Verlangen nach Sex.

Sie könnten natürlich ob dieser Abstinenz vor Selbstmitleid zerfließen. Sie sollten Ihre Zeit jedoch besser nutzen, indem Sie an einem Fitneßtraining teilnehmen, um Ihre Kondition zu verbessern.

Im zweiten Drittel der Schwangerschaft geschieht häufig etwas sehr Bemerkenswertes. Die Hormone Ihrer Partnerin fangen an, in ihrem Körper zu toben – und sie begehrt Sie!

Für Sie Schock und Freude zugleich. Ihre Partnerin kommt im mittleren Drittel ihrer Schwangerschaft öfter in Stimmung als vorher. Jetzt werden Sie sehr froh sein, Ihr Konditionstraining brav absolviert zu haben. Ich empfehle außerdem die Einnahme eines zusätzlichen Vitaminpräparates.

Ergänzend sei erwähnt, daß Frauen in dieser Phase ihrer Schwangerschaft wesentlich mehr Spaß am Sex haben. Manche Frauen erleben zum ersten Mal in ihrem Leben gleich mehrere Orgasmen hintereinander.

Eine Ironie des Schicksals ist, daß Sie sich in diesem Stadium dabei ertappen könnten, nur ein unwilliger Sexualpartner zu sein. Klar, das widerspricht dem stereotypen Machoverhalten von Männern, die stets mehr Gier nach Sex an den Tag legen als Frauen. Viele werdende Väter jedoch sind sehr besorgt, der Beischlaf würde ihre Partnerin oder das Baby verletzen.

Machen Sie sich darüber keine Sorgen. Aus medizinischer Sicht bringen Sie weder Ihre Partnerin noch Ihr Baby in Gefahr, wenn Sie Sex während der Schwangerschaft ausüben. Und wenn Ihre Liebste in Stimmung ist, fördert das nur Ihre Beziehung.

Er sagt
Sie war ausnehmend aktiv. Wir erhöhten unseren Sex von durchschnittlich einmal im Monat auf mehrere Male in der Woche. Ein paarmal mußte ich ihr sagen, ich hätte Kopfschmerzen. *– John*

Im allgemeinen fühlen sich Männer zu diesem Zeitpunkt recht unbeholfen beim Thema Sex. Es besteht aber kein Grund zur Sorge für Mutter und Kind. Sex kann stattfinden, obwohl sich der Körper Ihrer Partnerin verändert hat. Mit Sicherheit ist ihre Brust größer geworden als andere Teile ihres Körpers. Sollten Sie ein Problem damit haben, Ihre Frau nicht in dem selben sexuellen Licht sehen zu können wie vor der Schwangerschaft, trösten Sie sich mit dem Gedanken, daß Sie mit dieser Sorge nicht allein dastehen.

Ein paar Zahlen

In einem Bericht über schwangere Frauen beschrieben 29 Prozent der Befragten ihr Sexualverhalten während des letzten Drittels der Schwangerschaft so: »Nur in meinen Träumen.«

Auch falls Ihr Verlangen nach Sex normal bleibt, wird dasjenige Ihrer Frau wie Ebbe und Flut ablaufen. Im letzten Drittel der Schwangerschaft lassen hormonelle Veränderungen und wachsende physische Beschwerden das Interesse Ihrer Partnerin an sexueller Betätigung schwinden. Im letzten Monat werden Sie Ihre Liebste nur stöhnen und über die Tatsache jammern hören, daß sie immer noch schwanger ist.

Was ist normal?

Über Sex während der Schwangerschaft und seine Normalität kann man nur konstatieren: Nichts ist normal. Die Häufigkeit Ihrer sexuellen Betätigung vor der Schwangerschaft kann jetzt ab- oder zunehmen. Jeder von Ihnen muß seine eigenen Erfahrungen sammeln, wie die Sexualkurve in den verschiedenen Abschnitten der Schwangerschaft steigt oder fällt.

Sprechen Sie mit Ihrer Partnerin über Ihre Wünsche, und fragen Sie nach, wie sie es am liebsten haben möchte. Im sexuellen Bereich läßt sich während dieser neun Monate vieles nicht vorhersehen.

Ein paar Zahlen
Wie die sexuellen Wünsche der Frauen mit denen ihrer Partner während der Schwangerschaft übereinstimmen:

Gleich	41 %
Der Mann wollte häufiger	36 %
Die Frau wollte häufiger	23 %

Sie sagt
Während meiner Schwangerschaft war ich eine von diesen Rühr-mich-nicht-an-Frauen. Es lag, glaube ich, daran, daß ich mir überhaupt nicht attraktiv vorkam. Ich kenne diese Bücher, in denen steht, daß Frauen während ihrer Schwangerschaft sehr viel empfänglicher für Sex sind. Ich gehörte nicht zu denen. Ich fühlte mich einfach nicht schön genug für ihn. Aber ich blieb in meinen Gefühlen ihm gegenüber ehrlich. – *Nancy*

Er war ein bißchen nervös. Ich versuchte, ihm zu erklären: »Liebling, du kannst mich doch sowieso jetzt nicht noch mal schwängern.« Er murmelte so etwas wie: »Ich weiß nicht, ich möchte das Baby nicht verletzen.« – *Carrie*

Du könntest glauben, dieser Zuchthengst gehört jetzt auf die Weide. Nein. Gehörst du nicht. Du meldest dich bei mir zum Dienst zurück. – *Janice*

Dein Körper reagiert nach dem Motto: »Komm und holt mich, Hormone!« Mir ging es im Bett etwa so: »Liebling, komm rüber zu mir!« – *Carrie*

❹

JETZT WIRD'S MEDIZINISCH

13

Wo soll das Kind auf die Welt kommen?

Es läßt sich nicht mehr leugnen: Das Baby ist unterwegs! Jetzt sollte die Entscheidung fallen, wo Ihr Baby zur Welt kommen und wer die Entbindung vornehmen soll. Gehen Sie alle Möglichkeiten in Ruhe durch.

Die meisten Entbindungen finden im Krankenhaus statt und werden von Ärzten und Hebammen durchgeführt. Es gibt jedoch auch noch andere Möglichkeiten, die Sie in Betracht ziehen können. Jede hat ihre Vor- und Nachteile.

Geburt im Krankenhaus

Die meisten Frauen entbinden im Krankenhaus. Werdende Mütter entscheiden sich in der Regel für die Geburt im Krankenhaus, da sie sich dort am sichersten aufgehoben fühlen. Besonders für Paare, die zum erstenmal Eltern werden, kann das eine beruhigende Wahl sein – manchmal aber auch eine angsteinjagende Erfahrung.

Eine Entbindung im Krankenhaus ist eine besonders weise Entscheidung, wenn während der Schwangerschaft irgendwelche Probleme aufgetreten sind oder Risikofaktoren vorliegen.

Krankenhäuser bemühen sich, in ihren Entbindungsstationen eine entspannte und heimelige Atmosphäre zu schaffen. Viele Kliniken bieten dem gestreßten werdenden Vater eine komfortable Übernachtungsmöglichkeit.

Geburtshäuser

Geburtshäuser bieten Hebammen als Personal und einen komfortablen Rahmen, in dem Sie sich mehr an Ihr Zuhause erinnert fühlen als an ein Krankenhaus. Allerdings werden nur Schwangere aufgenommen, bei denen die Schwangerschaft problemlos verlief und bei der Geburt nicht mit Risiken zu rechnen ist. Im Zweifelsfall verweist man Sie an eine Klinik. (In Deutschland sind Geburtshäuser private Einrichtungen, viele Krankenversicherungen übernehmen nicht die Kosten oder nur zum Teil. Anm. der Red.)

Hausgeburt

Daheim zu gebären (mit Hilfe einer Hebamme) bietet den Müttern die häusliche Bequemlichkeit und ihr vertrautes, familiäres Umfeld anstelle der medizinisch geprägten Umgebung eines Krankenhauses. Das ist oft sehr hilfreich, außerdem fördert eine Hausgeburt die Anteilnahme der Familie. Diese Art der Entbindung eignet sich mehr für Paare, die zum zweitenmal Eltern werden und schon mal den Ablauf von Wehen und Geburt in einem Krankenhaus erlebt haben.

Die ambulante Geburt

Manche Kliniken und Arztpraxen verfügen über funktionelle, aber dennoch gemütlich ausgestattete Entbindungszimmer, in denen Ihr Baby zur Welt gebracht werden kann. Nach der Geburt und Erstversorgung dürfen Sie Ihre kleine Familie schon nach ein paar Stunden mit nach Hause nehmen. Die Anwesenheit von Angehörigen ist kein Problem. (Die häusliche Betreuung im Wochenbett durch eine Hebamme muß gewährleistet sein.)

Wassergeburt

Das Kind in einem »Geburtsteich« zur Welt zu bringen, gehört noch nicht zu den gängigen Geburtsarten. Nur wenige Kliniken bieten diese Methode an. Informieren Sie sich rechtzeitig! Sprechen Sie auf jeden Fall mit Ihrem Arzt darüber!

Unter den Angeboten auswählen

Ihre Partnerin wird Ihnen erklären können, wo sie und wie sie entbinden will. Schließlich ist sie diejenige, die alle Risiken trägt und auch die Wehen und Schmerzen aushalten muß. Nur ihre Stimme zählt!

Eine Entbindung im Krankenhaus unter ärztlicher Aufsicht gilt als die sicherste Methode. Im Notfall stehen für Mutter und Kind alle notwendigen Fachleute bereit.

Bei der Wahl der Klinik hilft Ihnen der Arzt, der Ihre Partnerin während der Schwangerschaft betreut.

Viele Kliniken veranstalten Informationsabende, an denen Ärzte Rede und Antwort stehen, zum Beispiel über die in ihrem Haus gängigen Geburtsmethoden informieren. Und Sie können Fragen stellen und sich alle Räumlichkeiten – wie Gebärzimmer und Entbindungsstation – ansehen.

Bevor Sie Ihre endgültige Wahl treffen, schauen Sie sich also die in Betracht kommenden Gegebenheiten genau an. Beim Blick in die Zimmer fragen Sie sich, ob Sie beide sich darin wohl fühlen könnten. Sprechen Sie – wenn möglich – mit anwesenden Patientinnen, und fragen Sie diese über ihre gemachten Erfahrungen aus. Vergewissern Sie sich, daß grundsätzliche Einstellungen und Voraussetzungen (Geburtsmethoden, Versorgung im Risikofall, Betreuung von Mutter und Kind, Rooming-in, Anwesenheit der Väter) mit Ihrer beider Vorstellungen und Erwartungen übereinstimmen.

⑭

Arztbesuche

Ausgesprochen oder unausgesprochen: Ihre Partnerin erwartet wahrscheinlich, daß Sie mit ihr gemeinsam die Vorsorgetermine wahrnehmen.

Müssen Sie da wirklich mitgehen? Sehen Sie es mal so: Diese Besuche macht Ihre Partnerin nicht freiwillig. Warum sollten Sie sich dann durch eine Weigerung das Leben unnötig schwer machen?

Als Männer haben wir genug gute Ausreden, um diese Arzttermine zu schwänzen: Medizinische Dinge verursachen bei uns Übelkeit. Was der Arzt sagt, verstehen wir schon gleich gar nicht. Und wir können überhaupt nichts Nützliches beitragen. Niemand will uns Blut abnehmen oder unser Herz abhören. Und ganz nebenbei haben wir auch noch eine kleine Nebenbeschäftigung – unseren Beruf. Ach ja, und andere Männer gehen doch auch nicht mit.

Das mag ja alles stimmen. Spielt aber keine Rolle. Sie müssen einfach mitgehen!

Und was die Verpflichtung zum Mitgehen betrifft, ist das doch noch eine leichte Übung. Sie brauchen lediglich dabei zu sein, Sie müssen weder etwas sagen noch tun. Und es ist völlig in Ordnung, falls Sie bei dem, was der Arzt sagt, etwas dumm aus der Wäsche gucken.

Sie werden bei Ihrer Partnerin eine Menge Pluspunkte sammeln, nur weil Sie dabei sind. Und sogar Sonderpunkte werden Sie einheimsen, wenn Sie der einzige werdende Vater in der Arztpraxis sind. Für den Fall, daß Sie es immer noch nicht kapiert haben: Sie müssen Ihr Punktekonto auffüllen, wo und wann immer Sie die Chance dazu bekommen.

Er sagt
Ich war gezwungen, zu jedem einzelnen Vorsorgetermin mitzugehen. Ich versuchte ein paarmal, dem zu entkommen. Ihr Argument lautete: »Wir waren beide beteiligt.« Ich rechnete damit, daß sie sich wiegen ließ, und der Arzt sie fragte, wie sie sich fühlen würde. Außerdem würde man ihr Bäuchlein abhören. Und das war's dann. Wozu brauchte man mich dabei? Das fragte ich sie jedesmal. *– John*

Das unsichtbare Männlichkeitssyndrom

Es ist schon ein Ding, daß sich jeder Mann über die Begleitung seiner Partnerin zum Arzt so aufregt. Obwohl gerade dort von ihm eigentlich niemand Notiz nimmt oder nehmen will.

Nehmen Sie es nicht persönlich, seien Sie nicht beleidigt, oder – noch schlimmer – rennen Sie nicht einfach davon. Und nicht zuletzt: Na klar, man wird schon ziemlich geschockt, wenn man in »so einer Umgebung« – beim Gynäkologen – Bekannte trifft. Wie peinlich! Aber: Genau deshalb werden Sie ja einfach »übersehen«.

Mein Rat: Akzeptieren Sie diese Ignoranz. Es gibt nur wenige Momente in unserem Leben, wo wir so wenig beachtet werden. Niemand quatscht uns an, niemand stellt uns dumme Fragen. Genießen Sie Ihr Nichtvorhandensein. Denken Sie stur daran, wie viele Pluspunkte Sie bei Ihrer Partnerin allein durch Ihre Anwesenheit beim Arzt sammeln können. Ihre Partnerin ist allerdings offensichtlich der einzige Mensch, der Sie dort leibhaftig wahrnehmen kann.

Falls Sie sich unwohl in Ihrer Haut fühlen, denken Sie mal daran, wie dem medizinischen Personal zumute sein muß, das einfach nicht weiß, was es diesem wartenden Mann sagen soll. Seien Sie also stolz darauf, ein Wegbereiter für eine Zukunft zu sein, in der es für alle Beteiligten völlig normal sein wird, wenn der werdende Vater seine Partnerin zu sämtlichen Vorsorgeterminen begleitet.

Ein paar Vorschläge, wie Sie sich während dieser Arztbesuche die Zeit vertreiben können:

- Verfolgen Sie wachen Ohres, wie oft Sie die Wörter »Woche« und »Baby« (nicht *das* Baby) hören.
- Protzen Sie mit Ihren Kenntnissen in Schwangerschaftschinesisch, und zählen Sie dabei, wie viele dieser Begriffe Sie in das Gespräch einfließen lassen können.
- Versuchen Sie, das Praxispersonal auszutricksen, indem Sie von Schwangerschaftsmonaten und nicht -wochen reden.
- Bringen Sie witzige Verwirrungen beim Thema Schwangerschaftsdauer ins Spiel, zum Beispiel: »Wußten Sie, daß Baby in 337 Wochen in die Schule kommt.«

Die gemeinsam wahrgenommenen Vorsorgetermine sind also die nettesten und leichtesten Übungen, mit denen Sie den Wert Ihrer hilfreichen Unterstützung unterstreichen können.

Während einer der im ersten Schwangerschaftsdrittel stattfindenden Vorsorgeuntersuchungen winkt Ihnen eine ganz besondere Belohnung: Sie können das erstemal – live – die Herztöne Ihres Babys hören.

Er sagt
Du gehst rein, und die Frauen gucken dich groß an, so nach dem Motto: »Pfui, das ist ja ein Mann.« Und du kannst die bohrenden Blicke förmlich am Leib spüren. Dann sind wir endlich im Untersuchungsraum, wo der Doktor mit meiner Frau ein tolles Gespräch beginnt. Er wirft freundliche Blicke auf mich, um sich dann wieder meiner Frau zuzuwenden, mich dabei schon halb außer acht lassend. Ich komme mir vor wie ein unsichtbarer Partner. Ich unternehme zwar immer wieder einen schwachen Versuch, mich bemerkbar zu machen. Doch bekomme ich stets dieselbe Reaktion. Und außerdem bittet mich meine Frau, bei den Untersuchungen den Raum kurzzeitig zu verlassen. Aber alles macht irgendwie Spaß. Natürlich war ich dann auch bei der Entbindung dabei. Und das war wirklich sehr lehrreich! *– Michael*

⑮

Herztöne

Sollten Sie den Angriff durch die medizinischen Fachausdrücke, die im Sprechzimmer fielen, überlebt haben, werden Sie dafür mit einem Blick in die Welt der Gebärmutter belohnt. Fast alles ist heute möglich, dank einiger zauberhafter, medizinischer Gerätschaften. Das tollste Gerät ist ein Bildschirm, auf dem Ihr Baby sichtbar wird. Dazu gehört eine Art High-Tech-Stethoskop. Das wunderbarste an der Sache ist, daß die Apparatur den Herzschlag des Babys so verstärken kann, daß Sie ihn hören können.

Ich werde diesen Augenblick nie vergessen. Der Doktor bewegte den Ultraschallkopf über den Bauch meiner Frau, bis sich schließlich das Störgeräusch in ein kaum wahrnehmbares, aber deutliches Klopfen eines regulären Herzschlags verwandelte. Ich schrie auf, und meine Frau lachte. Zwei verschiedene Reaktionen auf das gleiche Gefühl von Staunen und Freude.

Ein paar Zahlen
Den Herzschlag eines Babys kann man frühestens ab der neunten Schwangerschaftswoche hören.

Die Ultraschalluntersuchung beeindruckt mächtig. Der Ultraschallkopf wirft auf den mit Gel eingeriebenen Bauch Ihrer Partnerin ungeheuer schnell schwingende Schallwellen, die

Er sagt
Die Ultraschalluntersuchung war großartig. Als ich den Herzschlag hörte und wir beide das Ultraschallbild ansahen, schrien wir gleichzeitig auf. Wir konnten die Arme und Beine des Babys sehen. Sie bewegten sich! Beide konnten wir das sehen, und gleichzeitig spürte sie das Baby. *– John*

Es war geradezu ein übersinnliches Erlebnis, als wir unser Baby zum erstenmal im Ultraschall sehen konnten. Dieses Ereignis führte dazu, daß wir uns mit unserem Kind noch enger verbunden fühlten und es nicht etwa als unerwünschte Person ansahen. *– Paul*

(abhängig von Gewebedichte usw.) unterschiedlich stark reflektiert werden. Vergleichbar mit einem Wal, der Laute an seine nähere Umgebung abgibt, um seinen Weg zu finden. (Ich schwöre: Ich vergleiche schwangere Frauen natürlich nicht mit Walen! Falls Sie das gerade gedacht haben, schämen Sie sich!)

Das optische Resultat der zurückgeworfenen Schallwellen ist ein Bild der Gebärmutter. Ja, und Sie können tatsächlich Ihr Kind im »Fernseher« beobachten. Um der Wahrheit die Ehre zu geben, die Bildqualität wird Sie etwas ans alte Schwarzweißfernsehen mit seinem schlechten Empfang erinnern. Doch es gibt keine andere Möglichkeit, ans Baby »heranzukommen« – bei der Verpackung.

Durchrieselt von all dem schwarzweißen Schneegestöber, hebt sich der Umriß Ihres Babys deutlich erkennbar ab. Wenn das Baby so liegt, wie es soll, können Sie die Beinchen und Ärmchen, Hände und das Köpfchen sehen. Und falls das Bild klar genug sein sollte, besteht hier die erste Gelegenheit, um herauszufinden: Junge oder Mädchen?

Ein paar Zahlen
Dreiviertel aller Paare möchten das Geschlecht ihres ungeborenen Kindes erfahren.

Selbst wenn Sie das Geschlecht Ihres ungeborenen Kindes nicht wissen wollen, werden Sie sicherlich nicht die Gelegenheit versäumen wollen, einen Blick auf Ihr Baby in der Gebärmutter zu werfen.

Gerade wenn Sie glauben, es könnte nicht besser kommen, bietet Ihnen der Fachmann noch mehr: einen Ausdruck des aktuellen Fotos Ihres Kindes. Und der läßt sich vervielfältigen. Sie können also schon jetzt, während Ihr Kind sich noch im Mutterleib befindet, anfangen, Ihre Freunde mit Babybildern zu versorgen.

Für viele Männer, die das erstemal den Herzschlag hören und Ihr Kind bei der Ultraschalluntersuchung sehen, ist das ein unvergeßlicher Augenblick. Diese Momente helfen dem Mann, ihm die Schwangerschaft näherzubringen. Versäumen Sie nicht die Gelegenheit, dieses neue Lebewesen zu sehen und zu hören – einen Menschen, den Sie geschaffen haben.

16

Was ist mit Alkohol?

Nachdem Sie den Herzschlag Ihres Babys gehört haben, werden Sie wahrscheinlich sensibilisiert worden sein für den Gesundheitszustand und die Lebensgewohnheiten Ihrer Partnerin. Nicht zuletzt ist dieses kleine Leben im Mutterleib davon abhängig, wie pfleglich seine Mama ihren Körper behandelt.

Zu den Aktivposten zählt, daß Ihr weiblicher Kumpel tatsächlich darauf verzichten will, während der Schwangerschaft Alkohol zu konsumieren. Sollte sie labil sein, ermutigen Sie Ihre Partnerin, sich über die Risiken des Alkoholkonsums während einer Schwangerschaft zu informieren. Alkoholgenuß erhöht zum Beispiel das Risiko einer Frühgeburt beträchtlich.

Um des Babys willen wird Ihre Partnerin wahrscheinlich freiwillig zum Verfechter der Abstinenz. Sobald Sie zusammen zu irgendwelchen Einladungen gehen, müssen Sie entscheiden, wie Sie selbst mit diesem Thema umgehen wollen.

Ihre eigenen Möglichkeiten reichen vom Vollrausch bei jeder Veranstaltung, um Ihre Partnerin zu ärgern, bis hin zum solidarischen Verhalten Ihrer abstinenten Liebsten gegenüber. Das heißt also, Enthaltsamkeit zu üben und jeden mißbilligend anzuschauen, der es wagen sollte, im Angesicht Ihres Fetus zu saufen. Sie erleben dann, wie eine fehlende Balance zwischen diesen Extremen Sie ohne Freunde und allein dastehen läßt. Sie haben die Wahl, doch der Grad Ihrer

Kompromißbereitschaft hat vorhersehbare Konsequenzen für Sie.

Zum Beispiel: Kommt irgend jemand auf eine Party und hänselt Ihre Partnerin, sie würde für zwei essen. Was tun? Als Mann könnten Sie versucht sein, diese Bemerkung mit einem »Und ich trinke für zwei!« abzuschwächen. Das gäbe eine gute Gelegenheit, Ihnen haltlose Trinkerei in die Schuhe zu schieben. Bedenken Sie, Ihre Partnerin kann sich praktisch aus allem heraushalten, weil sie schwanger ist. Jedes Wohlwollen Ihnen gegenüber basiert jedoch einzig und allein auf Ihrer Rolle als fürsorgender und hilfsbereiter werdender Papa. Machen Sie diese schöne Vorstellung kaputt, indem Sie anfangen, nach einem ruhigen und versteckten Eckchen Ausschau zu halten, zerstören Sie das Bild, das Ihre Partnerin sich von Ihnen gemacht hat.

Einen raffinierteren Handlungsablauf erzielen Sie, wenn Sie den anderen Partygästen einfach erzählen: »Wir sind schwanger!« – und alkoholfreie Cocktails bestellen. Nicht nur Ihre Partnerin wird davon mächtig beeindruckt sein.

Wenn es Ihr erklärtes Ziel ist, Ihrer Liebsten zu helfen, dann treffen Sie während ihrer Schwangerschaft nur gesundheitsfördernde Entscheidungen. Sie machen es ihr einfach leichter, dem Alkohol zu entsagen, wenn Sie das gleiche tun. Neun Monate sind eine lange Zeit. Die Willenskraft Ihrer Partnerin und Ihr Durchhaltevermögen werden da schon auf die Probe gestellt. Ihre ureigensten Trinkgewohnheiten können den Kampf Ihrer schwangeren Liebsten erleichtern oder sie weiter einfrusten.

Natürlich dürfen Sie beim gemütlichen Beisammensein mit Freunden, wenn Sie allein daran teilnehmen, Alkohol trinken. Auf Partys gelegentlich auch, deshalb wird Ihre Partnerin nicht vor Neid grün anlaufen. Doch Sie helfen ihr, die richtige Entscheidung für Ihr beider Kind zu treffen, wenn Sie ihre konsequente Abstinenz mittragen.

Die Gefahr liegt nur darin: Männer sind Männer. Für uns ist es häufig nicht ausreichend, mal hier, mal da ein kleines Opfer zu bringen. Hat unsereins erst einmal mit der Gesundheitsüberwachung des Babys angefangen, lassen wir uns kaum noch bremsen. Sie könnten also vollkommen bescheiden damit angefangen haben, Ihre Partnerin zur Abstinenz zu ermutigen, doch kaum haben Sie sich versehen, sind Sie als Mann auch schon dabei, sich in sämtliche gesundheitlichen und anderen Problemchen Ihrer Liebsten besserwisserisch einzumischen. Sie sind zu einem unerträglichen Nörgelgustav geworden.

17

Der gefürchtete Nörgelgustav

Haben Sie sich einmal dafür entschieden, Ihre Partnerin vom Alkohol fernzuhalten, werden Sie auch selbstverständlich damit anfangen, anderen gesundheitlichen Aspekten volle Aufmerksamkeit zu schenken.

Sie stellen klar , daß diese Pommes, die sie sich bergeweise in ihren Mund schaufelt, ziemlich viel Fett enthalten. Oder Sie merken, daß sie sich nicht genug Zeit für ihre Schwangerschaftsübungen nimmt. Als Ausgleich wäre da ein strammer Marsch um die vier Ecken fällig. Oder sie bleibt bis tief in die Nacht auf. Dann weisen Sie die werdende Mama garantiert darauf hin, das Baby brauche nun wirklich seinen ungestörten Schlaf.

Ihre Absichten sind durchaus ehrenwert. Sie denken nur ans Kind. Richtig? Davon müssen Sie Ihre Partnerin aber erst einmal überzeugen. Na dann, viel Glück!

Die Realität sieht so aus: Vor Sarkasmus triefend wird sie Ihnen für Ihren tollen Ernährungsratschlag schmallippig lächelnd danken, Sie seien der erste Mensch, der sie endlich mal über den Fettgehalt von Pommes aufklärt. Ihr ganzes bisheriges Leben habe sie geglaubt, Pommes gehörten zur gesundheitsbewußten Ernährung und würden ihrer Diät noch mehr Wirkung verleihen.

Ihre Einladung zu einem Abendspaziergang wird sie vielleicht annehmen und sich herzlich für Ihr Angebot, als ihr

Trainer zu fungieren, bedanken. In ihrem tiefsten Inneren möchte sie Ihnen allerdings viel lieber eine kräftige Ohrfeige verpassen. Ihr Angebot wertet sie als eine total unsensible Anspielung auf ihre momentan etwas unförmige Figur. Ihnen bleibt die schockierende Erfahrung nicht erspart, daß Ihre Partnerin Sie anbrüllt: »Hör endlich auf, ständig an mir herumzunörgeln!«

Wen wundert's? Sie müssen eine feine Gratwanderung zwischen einem um ihre Gesundheit besorgten Helfer und einer totalen Nervensäge bewerkstelligen.

Erinnern Sie sich, wie oft schon Ihre Ehefrau (Freundin, Mutter) Sie darum gebeten hatte, etwas Bestimmtes zu tun. Hoch und heilig hatten Sie es versprochen, doch getan haben Sie es nie – solche Dinge wie: Socken aufheben, Abfall rausbringen, Geschirr abtrocknen, kleine Reparaturen im Haus vornehmen, Wäsche wegbringen. Und genau das ist der Knackpunkt. War das etwa eine witzige Erfahrung? Na, bestimmt nicht. Warum also sollte Ihre Partnerin Sie umarmen und küssen für das krasse Quengeln, sie würde ihr ungeborenes Kind schändlich behandeln?

Nur nörgeln funktioniert eben nicht! Überzeugen Sie Ihre Partnerin besser auf die sanfte Tour. Gehen Sie täglich mit ihr spazieren, und zwar zu einer Uhrzeit, die ihr paßt. Sagen Sie ihr, daß sie zu jeder Tages- und Nachtzeit, wann immer ihr danach ist, mit ihren Problemen zu Ihnen kommen kann.

Ein paar Zahlen

Schwangere Frauen dürfen ihre Herzfrequenz nicht erheblich steigern. Während einer gymnastischen Übung sind 140 Schläge pro Minute genug.

Reduzieren Sie auf Partys Ihr Trinkquantum, wird sich Ihre Partnerin nicht so benachteiligt fühlen. Wenn Sie auswärts essen oder etwas beim Heimservice bestellen, gehen Sie mit gutem Beispiel voran und suchen Sie sich gesündere Gerichte als sonst aus. Das Beste, was Sie tun können: Machen Sie selbst, was Sie von Ihrer Partnerin erwarten. Das animiert und motiviert sie!

Es tut auch nicht weh zu akzeptieren, daß Frauen schon sehr gut selber wissen, was ihnen und ihrem Baby gut tut. Neben Freßlust und Abneigung gegen bestimmte Lebensmittel signalisiert der weibliche Körper schon ziemlich deutlich, was er braucht. Zeigen Sie Anteilnahme. Seien Sie hilfsbereit. Denken Sie aber immer daran: Es ist ihr Körper!

5

MITEINANDER AUSKOMMEN

⑱

Was Frauen wirklich wollen

Was wollen Frauen? Jeder moderne Mann zerbricht sich den Kopf über diese Frage, die nicht neu ist. Haben nicht Archäologen Höhlenzeichnungen freigelegt, auf denen Männer sich am Kopf kratzen? Zweifellos denken sie über das gleiche Rätsel bei ihren Höhlenfrauen nach.

Trotz allen Nachdenkens fragen sich Männer auch heute noch, was Frauen wirklich wollen. Dabei ist das doch sonnenklar. Unbestreitbar sind schwangere Frauen mehr als bereit, Männern zu sagen, was sie wollen. Sie wollen ihre innere Anteilnahme, ihre Unterstützung und ihr Verständnis. Irgend etwas unklar?

Leider wissen viele Männer nicht, wie man diese Anforderungen in Taten umsetzt. Ich habe Frauen über ihre Schwangerschaftserfahrungen befragt und stelle Ihnen die unwissenschaftliche Zusammenfassung der Ergebnisse hier vor. Aufgepaßt, Jungs! Jetzt folgt schwarz auf weiß, was Frauen wirklich wollen:

Regel 1: Ich will, was ich will, wann ich es will.
Sei es Geld, Sex, das Kinderzimmer oder Klamotten, eine schwangere Frau hat ihre eigenen Zeitbegriffe: sofortige Wunscherfüllung, ohne Widerrede.

Regel 2: Ich trage das Baby aus, und das Letzte, was du tun kannst ist…
Das ist die »Tageskönigin-Regel«, die über schlappe neun Monate gilt. Auch wenn Sie bocken – »So lange kann das kein Mensch durchhalten!« –, denken Sie daran: Es könnte schlimmer sein – Sie könnten schwanger sein.

Falls Sie darüber streiten wollen, werden Sie schnell die Logik der Regel 2 entdecken: »Weil ich schwanger bin…!« Das ist die unumstößliche Begründung für alles, was sie jetzt will oder entscheidet. Weitere Erklärungen sind unnötig – und unerwünscht! Mit Einwänden – »Das ist unlogisch.« – stoßen Sie auf Granit. Logik ist völlig irrelevant.

Regel 3: Sag mir, was ich hören möchte, selbst wenn's Streit gibt.
Sie hat zugenommen. Sie beide wissen es. Fragt sie jedoch danach, müssen Sie wissen, daß Sie von Ihnen erwartet, das zu hören, was sie will.

Mit dieser Erkenntnis ausgerüstet, können Sie jetzt wieder ein paar Punkte wettmachen, die Sie inzwischen garantiert verloren haben. Dazu sind einige schwangerschaftsfreundliche Taten nötig. Pluspunkte sammeln können Sie mit folgenden fünf Taten:

1. Erzählen Sie ihr, sie sei nach wie vor schön.
2. Massieren Sie Ihre Partnerin.
3. Sagen Sie ihr: »Ich liebe dich!«
4. Schenken Sie ihr Blumen.

5. Überreichen Sie ihr zur Entbindung ein Geschenk (Geschenkideen finden Sie in Kapitel 37, Seite 183 ff.).

Und für Sonderpunkte:

- Gehen Sie mit ihr in einen Laden, in dem es Kindertapeten gibt.
- Ordnen Sie die Gläser auf dem Gewürzregal alphabetisch.
- Kaufen Sie ein Vornamenbuch.
- Lassen Sie sich von ihr überreden, ein Kapitel »ihres« Schwangerschaftsbuches zu lesen.

Sie halten Ihre Partnerin wahrscheinlich weiterhin für reichlich verrückt, doch die Kenntnis der Spielregeln hilft Ihnen, Zusammenstöße auf ein Minimum zu reduzieren.

Wenn Sie in diesem Kommunikationsspiel richtig absahnen wollen, müssen Sie tatsächlich – was auch immer – aufräumen. Gehören Sie jedoch zu den ganz normalen Männern, brauchen Sie jetzt selbst Schützenhilfe, damit Sie zu Hause mit anpacken können.

⑲

Mithilfe im Haushalt – das erste Mal?

Sie wissen schon, warum man sie »lästige Pflichten« nennt? Hätte man Spaß daran, hießen sie »Spiele«. Wenn Ihre Partnerin schwanger ist, kann sie unmöglich alle Hausarbeiten selbst erledigen – so, wie sie es sonst tut. Sie als Mann haben bisher noch nicht einmal die Hälfte dessen getan, was sie so nebenbei bewerkstelligt hat. Nun sind Sie dran.

Verführerisch ist die Versuchung, jetzt die altbewährte Technik anzuwenden, mit der Sie sich bisher vor der Hausarbeit gedrückt haben: Sie tun was, aber so miserabel, daß Sie förmlich angefleht werden, bis in alle Ewigkeit die Finger davon zu lassen. Also bitte, jetzt müssen Sie wirklich richtig zupacken. Wenn Sie es falsch machen, erhöhen Sie nur ihren Streß.

Die meisten Männer, die in einer Partnerschaft leben, wissen heutzutage wenigstens ungefähr, was im Haushalt zu tun ist. Für die, die in Sachen »lästige Pflichten« nicht ganz up to date sind, folgt nun »Die Männerfibel für lästige Hausarbeiten«:

Wäsche

Sie besitzen eine Waschmaschine. Sie haben Waschmittel und verfügen über einen Trockner. Was kann da noch schiefgehen? Vergessen Sie den Waschsalon Ihrer Studentenzeit, wo Sie Ihre gesamte Wäsche in eine Maschine stopften. Willkommen in der Welt von Sauberkeit und Frische, in der Ihnen Begriffe wie Vorwäsche, mit 30, 60 oder 90 Grad waschen, Wolle, Feinwäsche, Weiß- oder Buntwäsche, Spartaste, Kurzschleudern nur so um die Ohren schwirren – und Bügelwäsche gibt es auch noch. Habe ich Weichspülen und Einweichen schon erwähnt? Die Bedienung einer simplen Waschmaschine ist doch total einfach. Die größte Hürde für Männer sind alle Stoffe, die nicht Baumwolle sind. Im Zweifelsfall: fragen, fragen … Vermeiden Sie Materialtests – wie Kunstseide im Trockner.

Bevor Sie Buntes und Weißes in einer Waschmaschinentrommel vereinen, bitten Sie Ihre Partnerin – als ehemaliger wäschegeschädigter Single – um Rat. Ich bat meine Frau um eine Liste, die mir Klarheit darüber verschaffen sollte, was mit wem und wie gewaschen werden darf: Jeans mit Dunklem, bei 30 Grad …

Manche Frauen sind recht pingelig mit der Wäsche. Andere wiederum geben sich mit allem zufrieden, solange die Kleidungsstücke nach der Wäsche noch ihre ursprüngliche Farbe und Größe aufweisen. So, jetzt wissen Sie, was Ihre Partnerin will. Machen Sie Ihren Job so gut wie möglich!

Abspülen

Spülen Sie jedes Teil sorgfältig unter fließendem Wasser ab, bevor Sie es in die Spülmaschine stecken. Das übersteigt – irrelevante Logik! – den gesunden Menschenverstand. Warum das Ding wohl Geschirrspüler heißt? Ihre Partnerin wird die Gläser noch mal per Hand abwaschen, falls sie »streifig« aus der Maschine kommen. Merke: Niemals etwas in die Spülmaschine stecken, was nicht schon sauber ist!

Staubsaugen

Es ist wie mit der Wäsche. Auf den ersten Blick scheint Staubsaugen ganz einfach zu sein. Ihre Partnerin weiß jedoch, daß es subtiler, ausgeklügelter Techniken bedarf, den Staubsauger wirksam über Teppiche und Läufer zu führen. Manche Frauen bevorzugen das Erst-längs-dann-Quersaugen, andere schwören auf lange, parallele Gleitbewegungen. Fragen Sie Ihre Partnerin nach deren bevorzugter Saugstrategie, bevor Sie versuchen, diese Aufgabe zu übernehmen, oder Sie erleben eine böse Überraschung, wenn der Teppich Falten schlägt.

Aufräumen

Sie müssen es tun. Und nicht nur Ihren eigenen Kram, den Sie munter überall verstreut haben, wegräumen. Danach wissen Sie, wie sich Ihre Partnerin über die Jahre gefühlt hat.

Falls es Ihnen hilft: Gehen Sie vor wie bei einer Campingtour oder beim Picknick – einpacken, auspacken … Warum verhalten Sie sich zu Hause nicht genauso wie in einem öffentlichen Park.

Badezimmer saubermachen

Engagieren Sie eine Putzfrau. Wirklich, sie kostet nicht die Welt. Nebenbei gesagt, Sie wissen ganz genau, was im Bad zu tun ist. Möchten Sie das wirklich alles selber saubermachen oder dafür lieber ein paar Mark einer fremden Person aushändigen?

Die andere Möglichkeit: Von vornherein besser aufpassen und diverse Schmutzereien vermeiden. Doch wie ich schon sagte: Engagieren Sie eine Reinemachefrau!

⑳

Drehen und wenden

In der zweiten Hälfte der Schwangerschaft wird's rummelig in Ihrem Bett. Kopfkissen fliegen durch die Gegend, Laken verrutschen, und das alles, weil Ihre Partnerin versucht, eine einigermaßen bequeme Schlafstellung zu finden. Tut mir leid.

Je rundlicher Ihre Liebste wird, desto schwerer kann sie Schlaf finden. Sie dreht sich, wendet sich, immer wieder und immer wieder. Klar, als sie noch Ihre grazile Bettgefährtin war, tat sie das auch. Allerdings nicht so. Jetzt rumort sie für zwei im Bett herum, und die Nachbeben können Sie zur Schlaflosigkeit verdammen. Sie haben die Wahl:

1. Beklagen Sie sich darüber, daß sie sich zu heftig dreht und wendet, und beenden Sie Ihre Klage mit: »Wie, glaubst du, soll ich dabei auch nur ein Auge zu tun?«
2. Irgendeine andere Reaktion.

Die Nummer ist es. Es muß doch um Himmelswillen etwas anderes geben, als still vor sich hin leidend danebenzuliegen. Die extremste, aber wirkungsvollste Lösung: Sie flüchten in ein anderes Bett.

Klar, das klingt unromantisch. In getrennten Zimmern schlafen, haben unsere Urgroßeltern getan. Nicht wahr? Wenn Sie jedoch ein hilfreicher Partner sein wollen, müssen

Sie ausgeschlafen sein. Natürlich soll das Getrenntschlafen nicht zur Gewohnheit werden. Doch wenn Ihnen ein harter Arbeitstag bevorsteht oder Sie fix und fertig sind, könnte es eine gute Lösung sein. Beide fühlen sich wohler, und Ihre Partnerin hat vielleicht ein etwas schlechtes Gewissen, weil sie Ihren Schlaf stört. In den Nächten, in denen sie im Bett rotiert, hilft man sich gegenseitig am besten, wenn man getrennt schläft.

Natürlich gibt es auch weniger drastische Lösungen. Ich schlage vor, Sie investieren in einen Berg Kissen. Überraschen Sie Ihre Partnerin mit einem Sack voller quadratischer und runder Exemplare. Die kann sie so hinknuddeln und aufschichten, bis sie die perfekte Einschlafposition gefunden hat.

Betrachten Sie diese turbulenten Nächte ruhig schon mal als Vortraining für das Elterndasein. Wenn Sie meinen, man könnte, während Ihre Partnerin sich hin und her wälzt, kein Auge zumachen, dann warten Sie erst einmal ab, bis Ihr Baby da ist. Dann werden Sie sich schon bald nach den Nächten zurücksehnen, als die Abhilfe gegen Schlafentzug einfach nur im Bettwechsel bestand. In dem Moment, in dem Sie Vater geworden sind, entwickeln Sie eine derartige Sensibilität, daß Sie beim kleinsten Geräusch Ihres Neugeborenen aufwachen.

Irgendwann werden Sie beide und das Baby die ganze Nacht durchschlafen. Bis dahin lernen Sie besser ganz schnell, tagsüber ein Nickerchen ohne Schuldgefühl zu machen, kaufen ein paar zusätzliche Kissen (siehe oben) und wechseln die Laken im Gästeschlafzimmer.

21

Ein Abend mit Kumpels

Das Telefon klingelt. Sie gehen ran. Ihre Kumpels treffen sich in der Stammkneipe, um ein paar Bierchen zu kippen und ein bißchen Billard zu spielen. »Komm her«, sagt Ihr Freund am Telefon.

Sie schauen auf Ihre schwangere Partnerin. Sie hat gerade einen schlechten Tag. Sie zögern: »Äh, oh, ... ich kann nicht«, stottern Sie murmelnd. »Vielleicht das nächste Mal. O.K.?« Sie legen auf.

Sie will selbstverständlich jedes Detail des Gesprächs wissen. »Wer war das? Warum hat er angerufen?« – »Oh!« Betretenes Schweigen.

Dann wird sie, so sicher, wie sie schwanger ist, pikiert sagen: »Wenn du unbedingt möchtest, kannst du ja hingehen.«

Es kribbelt Ihnen in den Fingern, wenn Sie an das kühle Bier denken, das Gelächter, das Klacken des Spielballs beim Anstoß.

»Wirklich?«

»Klar, ich komm gut allein zurecht.«

Bingo! Hereingefallen!

Das Mitleid durchflutet Sie wie eine heiße Welle und erstickt Ihre Hoffnungen auf einen kurzen Moment des Vergessens mit Ihren Freunden.

Jetzt gucken Sie etwas säuerlich. Sie könnten sich das natürlich einfach machen und losziehen. Doch Sie wissen genau, das Schuldgefühl würde dermaßen an Ihnen nagen, daß Sie an diesem Abend überhaupt keinen Spaß hätten. Oder aber Sie bleiben zu Hause und ärgern sich grün und blau, weil Sie wie festgenagelt daheim hocken müssen, während Ihre Freunde auf den Putz hauen.

Sie müssen und können diese Zwickmühle vermeiden. Entscheiden Sie sich für die Fluchtmöglichkeit zu Ihren Freunden. Mal rauskommen und abschalten bringt Vitalität, die Balsam für Ihre emotionale Gesundheit ist. Bisher haben Sie wirklich jede Anstrengung unternommen, um die Bedürfnisse Ihrer Liebsten zu unterstützen. Auch Sie brauchen ab und zu mal Zeit für sich selbst. Ohne seelischen Ausgleich könnten Sie anfangen, sich über Ihre Partnerin oder das Baby zu ärgern.

Sich ohne schlechtes Gewissen mit Freunden zu treffen, erfordert allerdings eine gewisse Vorausplanung. Vor allem müssen Sie anerkennen, daß Ihre Partnerin Sie nicht schikanieren will, wenn sie möchte, daß Sie zu Hause bleiben. Sie verfügt über immer weniger Kraft und Flexibilität. Einerseits würde sie selber gern ausgehen, andererseits wäre das nur eine lästige Pflicht für sie. Ihre Vorstellung von Sozialkontakt beschränkt sich jetzt mehr auf Sie und einen netten Videofilm.

Natürlich beneidet Ihre Liebste Sie darum, daß Sie frei von jenen körperlichen Beschwerden sind, die ihr die Kraft absaugen. Sie sind nicht schwanger. Sie sind nicht erschöpft. Wenn Sie ausgehen und einen draufmachen, ist das nur eine weitere Bestätigung, wie leicht es Männer haben.

Sie können Spaß mit Ihren Kumpels haben, ohne daß Ihre Partnerin sich allein gelassen fühlt, indem Sie geschickt vorausplanen und die Initiative ergreifen.

Bieten Sie Ihrer Partnerin schon zu Beginn der Schwangerschaft an, die Anzahl der Kumpelabende zu reduzieren. Fragen Sie Ihre Liebste, was sie davon hält. Kann sie damit leben, wenn Sie alle zwei oder drei Wochen einmal ausgehen?

Sie wird solche Anfragen zu schätzen wissen und für Ihre Kompromißbereitschaft dankbar sein. Ihnen wird es zugute kommen, weil Sie wahrscheinlich Ihre Freunde unterm Strich öfter sehen, als wenn Sie warten, bis ein Konfliktknoten entsteht. Sie werden diese Treffen viel mehr genießen, weil Sie vorab »genehmigt« wurden.

Vergelten Sie Ihrer Partnerin ihre Großzügigkeit, indem Sie ihr gut zureden, sich mit Ihren Freundinnen zu treffen, auch wenn das während der Schwangerschaft seltener möglich ist. Am besten wäre es, wenn ihr Ausgang sich terminlich mit dem Ihren deckt. Nutzen Sie beide die Zeit. Es werden die letzten freien Ausgehabende sein, an denen Sie keinen Babysitter brauchen. Falls sie keine Lust zum Ausgehen hat, sollte sie ihre Freundinnen zu sich nach Hause einladen. Oder organisieren Sie ein »Freßpaket«, mit dem sie sich einen Abend lang vergnügen kann.

Um Konflikten vorzubeugen, kümmern Sie sich um Ihre eigenen Belange genausogut wie um die Ihrer Partnerin.

22

Schwiegermutter

Kurz nachdem Ihnen eröffnet wurde, daß Ihre Partnerin schwanger ist, kommt Ihre Schwiegermutter zu Besuch. Dasselbe Naturgesetz, durch das die Vögel im Herbst gen Süden fliegen, Brieftauben nach Hause finden, Lachse zum Laichen flußaufwärts schwimmen, lockt Mütter zu ihren mutterwerdenden Töchtern. Einige kommen schon Monate vor der Geburt.

Machen Sie sich auf was gefaßt. Mütter, deren Töchter schwanger geworden sind, lassen sich nicht davon abhalten, schlaue Ratschläge großzügig auszuteilen, und zwar reichlicher denn je.

Schwangerschaft ist auch die Zeit, in der eine Schwiegermutter entdeckt, daß die Beziehung zwischen Ihnen und ihrer Tochter nicht mehr zu trennen ist. Und das bedeutet zugleich: Mit Ihrer Schwiegermutter müssen Sie nun eine ganze Weile leben. Und von ihr werden jetzt alle Register gezogen und die unterschwelligen Animositäten mit der Aussage »Du bist nicht gut genug für meine Tochter!« auf den Punkt gebracht.

Schwiegermütter kommunizieren ungemein raffiniert. Sie bringen es glatt fertig, fünf oder mehr völlig unterschiedliche Wege zu finden, um einem diesen Knackpunkt immer wieder aufs Brot zu schmieren – während eines einzigen Besuches.

Am Ende ihres Besuches wundern Sie sich, daß Sie überhaupt zur Arbeit gekommen sind oder sich die Schuhe zubinden konnten. Sie werden im Nu lernen, daß Schwiegermütter auf alles eine Antwort haben. Leider beinhalten diese Antworten genau das Gegenteil von dem, was Sie und Ihre Partnerin geplant hatten zu tun.

Wenn Sie dumm genug sind, ihr zu widersprechen, sind Sie verloren. Ihr Joker ist: Zuhören und brav zu jedem Ratschlag nicken. Warten, bis sie abreist, dann in beiderseitigem Einverständnis einfach alles vergessen. Falls Sie Ihren Plan, Schwiegermamas Rat nicht zu befolgen, enthüllen, rufen Sie selbst Repressalien hervor, die Sie länger als neun Monate aushalten müssen.

Er sagt
Ungefähr sieben Wochen vor dem heiligen Ereignis, der Geburt unseres Babys, kam meine Schwiegermutter bei uns an. Es war richtig gemütlich. Sieben Wochen Schwiegermama! *– John*

Das möchten Sie gern zu Ihrer Schwiegermutter sagen:

»Also, mal langsam, du hattest deine Chance schon.«

»Ich habe sie geheiratet oder etwa nicht? Genügt dir das etwa nicht?«

»Hast du nicht noch andere Kinder, die du besuchen kannst?«

»Halt dich raus!«

Besser sollten Sie sagen:

»Klar, Schwiegermama, du nennst es beim Namen. Jetzt weiß ich, warum du das so gemacht hast.«

»Ich freue mich, daß dir diese Methode so gut gefällt.«

»Ich verstehe sehr gut, daß du dich so um das Wohl unseres Babys sorgst.«

Nicht lachen! Das schmälert den Eindruck, den Ihre weisen Bemerkungen machen.

Es mag ein Trost sein, daß Ihre Schwiegermutter Ihre Frau weitaus mehr ärgert, als Sie das jemals zustande bringen. Und letztlich sind Sie mit ihr nur durch Ihre Heirat verwandt.

Allerdings sind später – während der ersten Wochen nach der Geburt – viele frischgebackene Väter angenehm überrascht und sehr dankbar für die Hilfe ihrer Schwiegermama.

Machen wir uns nichts vor. Ihre Eltern haben Ihnen einiges voraus. Erfahrungen als Mama und Papa kann ein echter Vorteil sein. Während der ersten schlaflosen Wochen nach der Geburt sind ein zusätzliches Paar helfender Hände ein wahrer Segen.

Wenn Sie Ihre Schwiegermutter nervt, denken Sie einfach fest daran, daß sie es gut meint. Sie können sich über jemanden wirklich nicht aufregen, der sich so sehr um Ihre Partnerin sorgt. Nun gut, Sie könnten schon, aber was soll's.

Mit ein Grund dafür, warum eine Schwiegermutter werdende und frischgebackene Väter aus der Fassung bringen kann, ist, daß sie unsere wachsenden Ängste entfacht und sie auch noch recht haben könnte. Was aber, falls wir gar nicht das Zeug dazu haben, Papa zu sein?

Er sagt

Meine Schwiegermutter sagte mir ständig, wie man's machen muß: »Ich habe zwei Kinder großgezogen!« Ich versuchte ihr klarzumachen: »Versteh doch. Das waren deine Kinder. Dies hier ist mein Kind.« Sie erklärte mir weiter unverdrossen, wie es gemacht werden muß. Und ich habe eine nette Schwiegermutter! Ich respektiere sie und mag sie gern. Und trotzdem geraten wir immer wieder aneinander. – *Kevin*

Beide Elternteile waren wirklich eine große Hilfe. Wir waren froh, sie um uns zu haben. – *Mike*

23

Werde ich ein guter Papa?

Stelle frei! Eltern gesucht!

Wir bieten Ihnen:
ARBEITSZEIT: 16 Stunden täglich, Siebentagewoche, Nachtarbeit auf Wunsch
AUFGABEN: füttern, anziehen, baden, schaukeln, herumtragen, Windeln wechseln, bestrafen, beten, unterhalten, erziehen, Wertvorstellungen vermitteln
DAUER: Lebensstellung
PENSIONIERUNG: ungewiß

Viele Ihrer Schwangerschaftsleidensgenossen konzentrieren sich auf das Nächstliegende: Wie fühlt sie sich? Wie ist ihr Gesundheitszustand? Was kann (oder sollte) ich tun?

Während Sie mit Hochdruck auf den Endspurt hinarbeiten, durchzuckt Sie ein alarmierender Gedanke wie ein Blitz: »Ich werde Papa!«

Klar, das wußten Sie schon. Doch für jeden werdenden Vater gibt es während der Schwangerschaft mal einen Punkt, wo es ihn »überkommt«. Dies kann ein unheimlicher Moment sein. Sie erinnern sich vielleicht an all die Dinge, die Ihr eigener Vater tat oder unterließ. Abhängig von Ihrer Kindheitserinnerung werden Sie entweder sagen: »Ich hoffe, ich werde wie mein Vater.« Oder Sie sagen: »Ich hoffe, ich werde nie wie mein Vater.«

Werdende Väter dürfen mit sich hadern. Als einzige Qualifikation für den Elternjob haben sie bisher nichts anderes als die Schwängerung ihrer Partnerin vorzuweisen: Glückwunsch. Leider ist Potenz keine besondere Kunstfertigkeit, und sie nützt nichts, wenn das Kind auf der Welt ist.

Jetzt ein paar gute Nachrichten: Mit dieser Qualifikation werden außer Ihnen jährlich Millionen Männer (und Frauen) Eltern. Die meisten haben mehr Unterrichtsstunden für ihren Führerschein absolviert als für ihr Elternsein. Und schaffen es trotzdem ganz gut.

Elternsein fordert in höchstem Maße »learning by doing« – lernen, indem man's macht. Niemand besitzt beim Start irgendeine Erfahrung – und dennoch lernt jeder den Job. Sie sind umgeben von Menschen, die sich um Sie kümmern und aufpassen, daß Sie und Ihre Partnerin als Eltern erfolgreich sind. Stützen Sie sich auf Ihre Familie und Ihre Freunde – wegen ihrer Erfahrungen, ihrem Sachverstand, ihren Ratschlägen und Meinungen. Dann entscheiden Sie selbst und vertrauen Ihrem Instinkt. Dieses Prinzip hat in den letzten Jahrtausenden immer wunderbar funktioniert.

Er sagt

Es war schwer für mich zu akzeptieren, daß ich Vater werden sollte, plötzlich erwachsen sein und Verantwortung übernehmen mußte. Ich wollte außerdem sichergehen, daß ich ein besserer Vater werde als meiner. Ich hatte einen guten Vater, doch möchte man immer besser sein. Es lag eine richtige Last auf mir. – *Michael*

❻

ALLES BEREIT

㉔

Das Kinderzimmer: »Ist alles fertig?«

Eine der beschwerlichen Aktionen auf dem Weg zum Baby besteht darin, einen Platz zu finden, wo Sie den Nachwuchs vernünftig unterbringen. Vor der Schwangerschaft haben Sie und Ihre Partnerin wahrscheinlich schon besprochen, welcher Raum das Kinderzimmer werden soll. Und Sie dachten, das Thema Kinderzimmer sei damit erledigt. Weit gefehlt!

Kaum ist die Halbzeit der Schwangerschaft vorbei, dreht sich alles um das Kinderzimmer. Das merken Sie spätestens, wenn Ihre Partnerin beginnt, Sie mit Detailfragen zu löchern: »Sollen wir die Wände streichen oder sie tapezieren? Was für eine Matratzenstärke sollen wir nehmen? Welche Farben sollen wir kombinieren?«

Antworten Sie bloß nicht: »Ist mir egal!«, obwohl Sie sich ohnehin nicht sonderlich darum kümmern. Diese Fragen rangieren unter Frühwarnzeichen. Ihre Partnerin ist vom Babyzimmer-Syndrom befallen worden. Von diesem Moment an wird sie der Zweifel nicht mehr loslassen, ob das Kinderzimmer rechtzeitig bis zur Ankunft des Babys fertig wird.

Sie argumentieren sachlich: »Liebling, das Baby kommt erst in vier Monaten.« Falsch! Sie benutzen leider wieder mal die logische Seite Ihres Hirns. Das ist der direkte Weg zum Riesenkrach mit der werdenden Mama. Bei ihr funktioniert nur der Hirnteil, in dem das Babyzimmer-Syndrom steckt.

Ob Sie nun wollen oder nicht, Sie müssen für das Kinderzimmer einkaufen gehen. Da es um Ihre Finanzen geht, für die Sie die Verantwortung tragen, werden Sie sich zweifellos fragen, ob ein so winziges Baby wirklich das ganze Zeug braucht. Genaugenommen – nach umfassenden Erkundigungen: Nein! Das zählt aber nicht. Wir sprechen von Ihrem Baby!

Er sagt

Für mich war's leicht, kein großes Ding. Wir haben es einfach getan. Wir haben dafür neun Monate bekommen. *– Mike*

Als wir Sachen für das Baby einkauften, lernte ich, meinen Mund zu halten und meine Brieftasche ohne Murren zu zükken. Was sie auch wollte, sie bekam's. Falls ich mal zaghaft den Preis erwähnte, fauchte sie mich an: »Wie kannst du über Geld reden, wenn es um unser Baby geht.« *– John*

Erinnern Sie sich an meinen Rat, Ihre Unterhaltungselektronik zu kaufen, bevor Ihre Partnerin schwanger wird? Jetzt verstehen Sie, warum. Ein Baby zu haben und dennoch finanziell kühlen Kopf zu bewahren, schließt sich gegenseitig aus.

Um das Babyzimmer-Syndrom zu überleben, müssen Sie zwei Dinge tun. Erstens: Heucheln Sie Interesse am winzigsten Detail. Die Entscheidungen aber, und zwar jede einzelne, überlassen Sie der werdenden Mutter. Zum Beispiel könnten Sie auf die Quizfrage: »Tapete oder Farbanstrich?« folgendes antworten: »Tapete und Farbe wären beides tolle Lösungen, Liebling. Ich bin sicher, es ist eine wichtige Entscheidung. Was, meinst du, paßt am besten?«

Zweitens: Auf jeden Fall muß jedes einzelne Detail des Kinderzimmers unbedingt drei Monate früher als nötig parat sein. Anderenfalls wird sich Ihre Partnerin ängstigen, weil das Zimmer aller Schwangerschaftswahrscheinlichkeit nach nicht rechtzeitig bereitsteht. Seien Sie also nicht sonderlich überrascht, wenn sie so etwas sagt wie: »Liebling, das Zimmer ist noch nicht fertig, und das Baby wird schon in drei Monaten hier sein.« Oder sie könnte Sie auch herausfordern mit dem etwas hypothetischen Szenario wie: »Liebling, was ist, wenn ich acht Wochen früher entbinde?«

Beißen Sie sich auf Ihre Zunge, und brechen Sie nicht in lautes Lachen aus. Erledigen Sie das Projekt weit im voraus.

Meine Erfahrung beweist, welchen Wert mein Ratschlag besitzt. Ich zwang mich regelrecht, das Kinderzimmer fertigzustellen. Und was passierte? Notfall! Kaiserschnitt! Unser Baby kam fünf Wochen zu früh auf die Welt.

Glauben Sie mir, wenn Ihr Baby geboren ist, wollen Sie alles, nur nicht ein Kinderbett kaufen.

Sie sagt

Wenn ich das schon wieder höre: »Das Baby wird niemals wissen, wie sein Zimmer ausgesehen hat…« Wenn er es nicht für mich getan hätte, das Zimmer wäre nie fertig geworden.

– *Carrie*

Gib acht auf unseren Nesttrieb! Er ist da. Er ist irrational, aber real. Du wirst das Babyzimmer fertigkriegen. Du wirst die Tapete kleben, die wir ausgesucht haben. Du wirst das Babybettchen zusammenbauen, zu dem Termin, den wir dir angeben. – *Janice*

Er sagt
Wir debattierten über jedes Möbelstück für das Zimmer. Wir stritten über den Wickeltisch. Ich fragte: »Brauchen wir denn wirklich einen Wickeltisch? Was haben die vor fünfzig Jahren benutzt?« Wir kauften einen Wickeltisch. Dann zankten wir uns über das Babybettchen. Ich kenne unsere Familie. In der Tat: Unsere Tochter hat niemals darin geschlafen. Niemals! Ich besitze ein sündhaft teures Bettchen, Spitzenqualität mit Spezialmatratze, und die Kleine hat niemals darin geschlafen. Sie schläft halt bei uns. – *Kevin*

25

Das Spiel mit dem Namen

Zu den Dingen, die Sie viel früher erledigen müssen, als es Ihrem männlichen Hirn notwendig erscheint, zählt die Frage: Wie soll das Baby heißen?

Von »ES« zu »David«

Es gibt eine natürliche Entwicklung bei der Namensgebung Ihres Kindes. Ganz am Anfang, wenn Sie gerade erfahren, daß ein Baby im Kommen ist, sprechen Sie wahrscheinlich von ihm als »ES«.

»ES« wird sehr rasch durch »Baby« ersetzt. Während der nächsten paar Monate ist »Baby« präzise genug. Beide haben Sie eine Menge anderer Probleme im Kopf. Dann eines Tages unternehmen Sie diese Tour zum Arzt, sehen die Aufnahmen vom Fetus in der Gebärmutter und spielen: »Rate-mein-Geschlecht.« Von diesem Zeitpunkt an verfeinern Sie die Bezeichnung, das Baby wird zu »ER« oder »SIE«.

Haben Sie erst einmal die »ER-SIE-Bühne« betreten, liegt das Spiel mit dem Namen in der Luft.

Namen, Namen…

Männer gucken auf eine gestrichene Wand und sehen Grün. Frauen können da Mint, dunkelgrünes Blau, Smaragdgrün, Türkis oder Aquamarinblau sehen.

Das gleiche Phänomen taucht auch bei Babynamen auf. Ein Mann, der einen Sohn bekommen wird, denkt an Namen wie Andreas, Christian, Mark, Michael oder Thomas. Dies sind handfeste Männernamen. Seine Partnerin neigt eher zu Patrick oder Oliver.

Glücklicherweise sind Sie nicht das erste Paar, das sich mit der Frage »Wie soll unser Kind heißen?« herumgeschlagen hat. Antworten sind in zahllosen Büchern zu finden, die zu Ihrer reinen Freude nichts anderes als Vornamen enthalten.

Er sagt
Wir waren aus der Art geschlagen. Schon als wir uns kennenlernten, waren wir uns einig, daß Madison ein toller Name wäre. Wenn wir uns nach einer Verabredung verabschiedeten, sagten wir: »Wie wär's mit Madison?« So hatten wir schon lange vor der Schwangerschaft den Namen gefunden – und lange, bevor wir uns verlobten. – *Mike*

Diese Vornamenbücher haben einige Vorteile, zum Beispiel ist es hilfreich zu wissen, welche Namen populär und welche aus der Mode sind. Sie bergen aber auch eine Gefahr: viel zuviele Namen.

Bis Sie ein Vornamenbuch kaufen, müssen Sie sich auf Ihre eigene Phantasie beschränken. Das veranlaßte Frank Zappa wohl, seine Kinder Moon Unit und Dweezil zu nennen. Wir

Normalsterblichen bevorzugen eher Namen von Personen aus unserer Umgebung, aber auch die berühmter Persönlichkeiten.

Sobald Sie über ein Vornamenbuch verfügen, können Sie plötzlich unter Tausenden von Namen wählen – einer (fast) so schön wie der andere.

Diese unglaubliche Namensfülle droht das Namen-finde-Spiel um Monate zu verlängern, manchmal sogar bis zur Entbindung: »O.K., Liebling, atme, zwei, drei vier. Du, hier steht ein toller Name auf Seite 47…«

Ein paar Zahlen

Die beliebtesten Namen kurz vor der Jahrtausendwende:

Jungen	*Mädchen*
Lukas	Maria
Alexander	Julia
Maximilian	Anna oder Anne
Daniel	Sophie
Philipp	Marie
Felix	Laura
Tim	Lisa
Jan	Vanessa
Florian	Sarah
Jonas	Katharina

Er sagt

Unseren größten Streit hatten wir über den zweiten Vornamen unserer Tochter. Ich wünschte mir für sie einen möglichst ungewöhnlichen Namen. Ich bot meiner Frau eine ganze Palette langer, schwieriger Namen aus aller Herren Länder an. Meine Frau fand sie alle seltsam und unheimlich, und sie meinte, sie würden unser Kind traumatisieren. Dann begann ich Herodots

»Geschichte der Antike« zu lesen und stolperte dabei über eine Fundgrube von exotischen persischen, griechischen und ägyptischen Namen. Meine Frau mobilisierte dann ihre Freundinnen und die weiblichen Verwandten, um für ihre Position Schützenhilfe zu bekommen. Zwei Wochen vor der Geburt gab ich schließlich nach. Der zweite Vorname unserer Tochter lautet: *Jane.* *– Paul*

In die engere Wahl ziehen

Wie können Sie den Stau auflösen, wenn die Fülle der Namen Sie erdrückt? Ihre Strategie (»Laß sie entscheiden.«), die sich bei der Überwindung des Babyzimmer-Syndroms bewährt hat, wird hier nicht greifen. Männer wollen sich um den Namen Ihres Kindes selbst kümmern!

Ob Sie es glauben oder nicht, Sie müssen auf eine wohlbekannte Strategie zurückgreifen, die sich Kommunikation – miteinander sprechen – nennt. Jeder von Ihnen hat bei der Wahl des Namens Ihres Kindes eine gleichberechtigte Stimme. Und es wäre schon gut, wenn Sie sich einigen könnten. Doch rechnen Sie mit einem langwierigen, zähen Ringen um den perfekten Namen. Hier einige Kostproben:

Schicksalsträchtige Namen

Es gibt Vornamenbücher, die jede Menge Hintergrundinformationen (wie Tierkreiszeichen, Lieblingsfarben, berühmte Namensträger) liefern, die eine bestimmte Stimmung oder eine Art Geist heraufbeschwören. Sie mögen es glauben oder nicht, Namen können Schicksale bestimmen. Wie auch immer, Ihr Kind muß den Namen für eine lange Zeit tragen, daher sollten Sie darüber nachdenken, ob Sie einen martialischen, weichen oder neutralen Namen wählen. Diana oder Verona sind beides hübsche Namen, doch rufen sie die Bilder zweier völlig unterschiedlicher Persönlichkeiten hervor.

Kein Name bleibt, wie er ist

Eduard oder Edmund klingen anspruchsvoll, solide, aber Sie sollten bedenken, was Sie bei Ede oder Edi empfinden. Ob Sie wollen oder nicht, fast jedes Kind muß mit einer Verkürzung oder Verniedlichung seines Namens leben. Das können Sie nicht verhindern, aber Sie können von vornherein Namen vermeiden, deren Veränderung vielleicht später einmal dem Namensträger zu schaffen macht, weil der Name dann häßlich, lächerlich oder gar diskriminierend klingt.

Namen mit (un)angenehmen Erinnerungen

Manch einer will vielleicht einen besonderen Freund ehren, indem er seinem Kind dessen Namen gibt. Namen, die einen an Personen erinnern, die man lieber vergessen möchte, sollte man gleich von der Liste streichen. Die Namen ehemaliger Freundinnen oder die von Jungen, von denen Sie auf dem Schulhof verprügelt wurden, sind keine weise

Wahl. Der Name Ihres lebenslang besten Freundes hingegen dürfte eine schmeichelhafte und inspirierende Wahl darstellen.

Familiennamen

In vielen Familien gibt es traditionelle Namen, die über Generationen hinweg weitergegeben werden. Auch wenn Ihre Familie das nicht tut, möchten Sie vielleicht doch ein Elternteil oder einen Verwandten, den Sie bewundern, durch die Namensgebung ehren. Der knifflige Teil besteht darin, daß Sie beide Familien haben, aus denen Sie Namen auswählen können. Falls Sie keinen Namen aus der Familie nehmen möchten, werden Sie aber erleben, daß Ihre Familienangehörigen darauf hoffen und diese Ehrung sogar erwarten.

Auch wenn der Druck seitens der Verwandtschaft groß ist, denken Sie daran, daß Sie es nicht jedem recht machen können. Die wichtigsten Personen, die zufrieden sein müssen, sind Sie und Ihre Partnerin. Paßt der Vorname zum Nachnamen? Gefällt er Ihnen beiden? Wenn nicht, widerstehen Sie dem Druck. Ihre Verwandten hatten schon genug Gelegenheit, Ihren eigenen Kindern Namen zu geben.

Er sagt
Wir hatten einen Jungennamen ausgewählt, doch dann kam ein Mädchen. Es war ein hartes Stück Arbeit, einen Mädchennamen zu finden, den wir beide mochten. Ich zählte zehn Wunschnamen auf und fragte sie, ob sie einen davon mag. Sie verneinte. Auch sie hatte zehn parat, und davon mochte ich keinen. Es war deshalb wirklich schwierig. Schließlich sagte ich: »Monique!« – den Namen eines TV-Stars. Und jeder mochte diesen Namen. Und da ich den ersten Namen aussuchen durfte, nahmen wir den Namen ihrer Mutter als zweiten. Das brachte mir eine Menge Pluspunkte ein. *– Kevin*

Die Spielregeln

Es gibt ein paar Regeln, die Ihnen helfen sollen, sich durch das tückische Terrain der Namensgebung zu navigieren. Ihre Stimme als Vater zählt mehr, wenn Ihr Kind ein Sohn wird. Bei einem Mädchen läuft Ihre Partnerin zur Hochform auf. Jeder Partner hat das Recht auf den ersten Namen bei einem seinem Geschlecht entsprechenden Kind. Wenn Sie jedoch den ersten Namen ausgewählt haben, müssen Sie Ihrer Partnerin gestatten, den zweiten Vornamen auszusuchen – und umgekehrt.

Neben diesen grundsätzlichen Leitlinien wird die Endauswahl des Namens möglicherweise eine echte Prüfung, ob Sie als Partner in der Lage sind, zu geben und zu nehmen. Beziehen Sie klar Stellung für oder gegen einen Namen, wenn Sie dafür Gründe anführen können. Bei einer Endlos-Debatte ziehen Sie die Notbremse, indem Sie die Angst vor einem namenlosen Baby heraufbeschwören, um die Sache zu einem Abschluß zu bringen.

㉖

Zeit für die Baby-Party

Sie – als Mann – dürfen an der Baby-Party, die man in den Vereinigten Staaten Baby Shower nennt, teilnehmen. Ich dachte immer, solche Partys seien nur etwas für Frauen. Als meine Mitarbeiter planten, für mich solch eine Baby-Party zu geben, war ich ziemlich verdutzt. Leichte Panik überfiel mich, da ich nicht wußte, wozu ich eigentlich eingeladen wurde. Jemanden zu fragen traute ich mich nicht. Ich fürchtete, ich müßte an eigenartigen, mir unbekannten, kindischen Party-Spielen teilnehmen oder gar eine Rede halten. Und warum nennt man diese Partys Showers (Duschen).

(In Deutschland kennt man Baby Showers kaum. Es handelt sich dabei um eine Art Baby-Willkommens-Party, zu der jeder Gast der werdenden Mutter ein Geschenk fürs Baby überreicht. Anm. der Red.)

So läuft die Party

Nur keine Panik. Ich lüfte für Sie das Geheimnis dieser netten Veranstaltung:

Keiner wird geduscht

Das Baby ist noch nicht auf der Welt. Die Party wird für Ihre Freunde veranstaltet, die Ihr Baby mit Geschenken überschütten, also (hoffentlich) regelrecht »duschen«.

»Oh, wie niedlich!«

Sie haben wahrscheinlich keine Erfahrung mit Baby-Willkommens-Partys. Werdende Mütter nehmen das Ganze gelassener, vor allem wenn es um die Geschenke geht. Für Sie wird's auch nicht schwer. Es ist wie mit Hochzeitsgeschenken. Sie müssen sich im Fall Baby nur Satz Nummer eins gut merken: »Oh, wie niedlich!«

Geben Sie diesen Satz bei jedem Geschenk, das Sie auspacken, zum besten. Sie halten das für übertrieben? Nein, denn jeder Teilnehmer an der Baby-Party hat an nichts mehr Interesse, als an der Reaktion auf sein Geschenk. Keiner wird merken, wenn Sie den Zauberspruch zehn- oder zwanzigmal wiederholen.

Niedlich oder nützlich

Sie als Mann werden bei der Party zweifellos manche Dinge in die Hand bekommen, die Sie nicht identifizieren können oder bei denen Sie keine Ahnung haben, wozu man sie braucht. Können Sie dem Gegenstand nicht den Begriff niedlich zuordnen, gehen Sie davon aus, daß er nützlich ist. Und dann tritt Satz Nummer zwei in Aktion: »Oh, das ist genau das, was wir brauchen!«

Der Vorteil dieses Satzes ist, daß Sie wahrscheinlich recht haben, obwohl Sie es ja noch gar nicht wissen. Vor allem die weiblichen Partygäste werden beeindruckt sein, wie zielsicher Sie die Wichtigkeit ihrer Geschenke erkennen – und irgendwann entdecken Sie dann auch, wie das eine oder andere Ding funktioniert und wozu es gut ist.

Der verbotene Satz

Neben diesen beiden Schlüsselsätzen gibt es einen verbotenen Satz. Sie dürfen niemals, unter gar keinen Umständen ein Geschenk auspacken und sagen: »Das haben wir schon.« Sie werden vier Mobiles auspacken, drei Rasseln und jede Menge Stofftiere. All das muß rangieren unter: »Oh, wie niedlich!« Kleidungsstücke (die Strampelhosen werden sich stapeln) gehören in die Rubrik: »Das ist genau das, was wir brauchen.« Und immer lächeln! Ihre Aufgabe ist es, jedem Gast das Gefühl zu geben, daß sein Geschenk hochgeschätzt wird.

Und wenn Sie nicht bekommen, was Sie und Ihre Partnerin sich gewünscht haben (oder tatsächlich brauchen), gibt es einen Trick. Fragen Sie euphorisch: »Wo hast du das denn bekommen?« Vielleicht gelingt es Ihnen, die Nieten und Doubletten unter den Geschenken heimlich umzutauschen. Und schließlich können Secondhand-Läden oder Flohmärkte für Kindersachen einen irgendwann von dem Ballast befreien.

Falls Sie mehr wollen, als einfach nur die Party zu überstehen, sollten Sie sich rechtzeitig informieren, was zu einer sinnvollen und natürlichen, hübschen Babyausstattung gehört. Und letztendlich können Sie damit auch bei Ihren Freunden Eindruck schinden.

27

Babyausstattung – Man braucht sie tatsächlich

Man könnte meinen, bei der Gründung einer Familie stehen über allem die Liebe, Ihr Engagement für Ihre Partnerin und der Wunsch, ein neues Leben in die Welt zu setzen. Beim näheren Hinsehen hat man aber den Eindruck, als sei das kommende Baby ein wirksames Mittel zur Sanierung der Volkswirtschaft – durch das Leeren Ihrer Brieftasche und Ihres Kontos. Wozu Sie Geld benötigen werden, erfahren Sie jetzt:

Babydecken

Wundern Sie sich nicht, wenn die Babydecken sich bei Ihnen zu Hause stapeln. Sie brauchen tatsächlich mehr als eine. Denken Sie nur mal an die Decke, in die Sie Ihr Baby einwickeln (für fortgeschrittene Väter heißt es einschlagen), um es warm zu halten und seine Niedlichkeit zu unterstreichen. Manche behaupten, schreiende Babys sähen in einer Decke netter aus, und das würde weniger nerven. Nicht zu vergessen, Sie benötigen mehr als eine Decke, weil das Baby sabbert, spuckt und so weiter.

Er sagt
Ich wollte wissen: »Was ist nötig und was ist Geldschneiderei?« Was braucht man wirklich? Ich bin nämlich der Meinung, Frauen neigen dazu, dem Baby einfach alles zu kaufen – »Es ist doch fürs Baby!« – *Mike*

Babybekleidung

Babykleidung strotzt geradezu vor Niedlichkeit. Wenn Sie einen Sohn bekommen, sollten Sie aber vielleicht doch ein wenig darauf achten, daß seine »Männlichkeit« nicht verlorengeht – und er aussieht wie ein Mädchen. Zum Glück machen die praktischen Vorteile und die Nützlichkeit der Babybekleidung den Niedlichkeitsfaktor wieder wett.

Erstlingsstrampler sehen aus wie ärmellose Overalls, pakken das Baby von der Schulter bis zu den Zehen ein, haben aber oft eine wunderbare, sehr große, aufknöpfbare Öffnung im Bereich der Beine. Wozu so eine Riesenöffnung gut ist? Nun ja, man kommt ohne große Ausziehaktion an das Windelpaket heran. Diesen Vorteil werden Sie zu schätzen wissen, sobald Sie ein paar Wochen lang zehn- bis zwölfmal am Tag die Windel wechseln müssen. Sie werden mir mit Sicherheit zustimmen: Der Erfinder verdient einen Orden allererster Klasse am Band.

Babyphone

Diese Geräte gehören zu den Dingen der Babyausstattung, die ein technisch versierter werdender Vater nicht auf Anhieb identifizieren kann. Sie erinnern ein wenig an diese altmodischen Walkie-talkies, mit denen fortschrittliche Kinder in der grauen Handy-Vorzeit kommunizierten.

Der Sendeteil des Babyphons – auch Babysitteranlage oder Babyfunkgerät genannt – wird im Kinderzimmer deponiert. Der Empfängerteil gehört in die Nähe der Mama oder des Papas. Er übermittelt jeden Laut aus dem Kinderzimmer. Je nach Modell liegt die Reichweite zwischen 200 und 400 Meter – ein Besuch beim Nachbarn ist also drin. Wunderbare Geräte, die man sich gern schenken läßt, weil gute Exemplare nicht gerade billig sind.

Ein kleiner Nachteil: Sie sind von Natur aus darauf programmiert, auf jeden winzigen Muckser Ihres Neugeborenen zu reagieren. Die beruhigende Gewißheit, Ihr Baby auch aus einiger Entfernung hören zu können, veranlaßt Sie, sich etwas weiter vom Kinderzimmer zu entfernen. Das hat zur Folge, daß Sie so manchen 100-m-Sprint hinlegen werden, sobald das Baby mehr oder weniger laute Töne von sich gibt.

Wickeltisch

Wußten Sie, daß Sie einen Spezialtisch brauchen, um Ihr Baby zu wickeln? Nun ja, eigentlich tut's auch ein Küchentisch, aber die verschiedenen Varianten des Wickeltischs ziehen werdende Mütter magisch an. Als Mann hofft man ja, an manchen Ausstattungsgegenständen vorbeizukommen, zumal aus unserer Sicht an dem Tisch nun wirklich nicht viel dran ist.

Wickeltische oder eine Wickelkommode sind Möbelstücke mit einer ganz speziellen Auflage und einer Art Geländer, Polsterwulst oder ähnlichem Drumherum, das den Säugling vor dem Herunterrollen bewahrt. Wie auch immer, dieses Trumm der Babyausstattung bleibt Ihnen wohl nicht erspart.

Bis hierher haben Sie es geschafft, das Kinderzimmer sieht passabel aus und ist mit allem Notwendigen (und allem »... es ist doch für unser Baby«) versehen. Nun geht es in die Zielgerade. Es wird höchste Eisenbahn, daß Sie lernen, was ein Kegel ist, und ob Sie ihn jemals selber ausprobieren wollen.

7

ENDSPURT

28

Geburtsvorbereitung

Im zweiten Drittel der Schwangerschaft wird der Geburtsvorbereitungskurs fällig. Diese Art von Lehrgängen besteht in der Regel aus sechs bis acht Zusammenkünften, die einmal wöchentlich am Abend oder am Wochenende stattfinden. Für Eilige gibt es mancherorts eintägige »Crashkurse«. Auch wenn Sie dieses Buch Zeile für Zeile gelesen haben und bei jedem Vorsorgetermin dabei waren, gibt Ihnen so ein Geburtsvorbereitungskurs den letzten Schliff vor der Stunde Null. Er bietet mindestens fünf Vorteile:

1. Sie werden Ihre Ängste durch Fakten ersetzen und Unkenntnis durch fundierte Information.
2. Sie werden besondere Techniken kennenlernen, die Sie vertrauter mit Geburt und Entbindung machen.
3. Sie werden ein viel besserer Trainer und Helfer für Ihre Partnerin.
4. Sie lernen andere werdende Eltern kennen, der Erfahrungsaustausch fließt wie geschmiert und bietet tatsächlich gegenseitige Unterstützung.
5. Sie haben Gelegenheit, einen Experten oder eine Expertin mit Ihren speziellen Fragen zu löchern.

Und hier sind fünf weitere Gründe, weshalb viele Männer am Geburtsvorbereitungsunterricht ihre Freude haben:

1. Sie erhalten die einzigartige Gelegenheit, mit ebenfalls betroffenen Männern unbesorgt über die Freuden des Zusammenseins mit einer schwangeren Partnerin reden zu können.
2. Sie haben einen guten Grund außer Haus zu gehen, was in diesem Stadium der Schwangerschaft nicht häufig passiert.
3. Sie müssen nicht »ihr« Buch lesen, solange Sie dem Geburtsvorbereitungsunterricht die gebührende Aufmerksamkeit schenken.
4. In der Regel treffen Sie viele nette Menschen.
5. Sie sehen Filme über den Gebärvorgang.

Er sagt
Wir freuten uns wirklich auf den wöchentlichen Unterricht. Ich lernte eine Menge. Zum Ende hin wollten wir den Unterricht nicht mehr missen. Wir schlossen mit den anderen Ehepaaren Freundschaft. *– Mike*

Geburtsvorbereitung

Alle Geburtsvorbereitungskurse sind darauf ausgerichtet, die zukünftigen Eltern körperlich, seelisch und moralisch durch ausführliche Informationen auf die Geburt vorzubereiten. Der Schwerpunkt dabei liegt auf der Vermittlung von Methoden, die helfen, den Geburtsschmerz für die Mutter zu lindern, indem der Teufelskreis, das sich gegenseitige Beeinflussen von Schmerzen, Verkrampfung und Angst, durchbrochen wird. Es gibt mehrere Methoden, die sich (mehr oder weniger) durch die Art und Weise der Schmerzbewältigung und die Einstellung zur Anwendung von Medikamenten unterscheiden. Manchmal werden auch verschiedene Methoden miteinander kombiniert. Auf Anhieb verstehen Erstmütter und -väter das Ganze meist nicht so schnell. Wichtig ist, daß Ihre Partnerin (und Sie natürlich auch) lernt, wie sie angstfrei und so gelassen wie nur möglich die Geburt überstehen kann und wie sie dabei mit ihren Schmerzen umgeht. Welche Methode oder welcher Geburtsvorbereitungskurs für Sie beide richtig sein wird, finden Sie am besten heraus, wenn Sie sich beim behandelnden Arzt und mittels Probestunden in Ruhe informieren. Als Kurzinformation hier drei bekannte Methoden:

Die Lamaze-Methode

Bei der Lamaze-Methode lernt die werdende Mutter, sich zu entspannen und eine rasche, aktivierende und koordinierende Hechelatmung, die sie während der Wehen einsetzen soll. Bei der Geburt hilft die Hebamme durch intensive Anleitungen, die erlernte Methode konzentriert anzuwenden. Auch Sie als werdender Papa können, zum Beispiel während der Wehentätigkeit im Lauf der Eröffnungsphase, diesen Teil der Geburtshilfe übernehmen. Diese Methode erlaubt die Anwendung schmerzstillender Medikamente.

Die Leboyer-Methode

Bei dieser Methode liegt der Schwerpunkt auf der streßfreien Geburt für das Baby. Es sollen zum Beispiel alle übermäßigen Umweltreize (zuviel Lärm, zuviel Licht) vermieden werden. Im Kreißsaal soll nicht die Atmosphäre eines grell ausgeleuchteten Operationssaals herrschen, und die geburtshilflichen Maßnahmen sollen auf ein Minimum reduziert werden. Das noch nackte Baby wird erst einmal auf den Bauch der Mutter gelegt und darf nicht sofort »abtransportiert« werden. Kombinationen mit anderen Methoden sind möglich.

Er sagt
Der Geburtsvorbereitungskurs half mir, besser als jede Bücherweisheit, die bevorstehende Geburt unseres Kindes realistisch zu betrachten. Der Unterricht machte mir klar, was wir zu tun hatten und wie ich meiner Frau am hilfreichsten zur Seite stehen konnte. Auch als alle Teilnehmer in atemloser Stille den Videofilm über eine Geburt verfolgten, empfand ich, daß das Ganze der Mühe wirklich wert war. *– Paul*

Schmerzfreie Geburt

Schmerzstillende Mittel werden von vielen Frauen akzeptiert, um den Geburtsschmerz zu lindern. Heutzutage werden diese Mittel nicht mehr routinemäßig verabreicht, sondern im Verlauf der Geburt entscheiden die Ärzte individuell in Absprache mit der Schwangeren, welche schmerzstillenden Mittel und -methoden Mutter und Kind am besten bekommen.

Die erste Kursstunde

Wundern Sie sich nicht darüber, wenn Sie die anderen Teilnehmer unauffällig begutachten und dabei zu dem Schluß kommen: »Nicht zu glauben, daß diese Leute Kinder bekommen dürfen!« Locker bleiben, die anderen denken wahrscheinlich dasselbe über Sie.

So eigenartig Ihnen die Gruppe anfangs auch vorkommen mag, ich versichere Ihnen, Sie werden mit diesen Menschen noch viele positive Überraschungen erleben. Gegen Ende des Kurses wird mancher von ihnen zu Ihren besten Freunden zählen. Sie werden Ihre Ängste und Aufregungen mit ihnen geteilt haben. Das allen bevorstehende große Ereignis der Geburt schweißt tatsächlich die unterschiedlichsten Menschen zusammen.

Es ist schon merkwürdig, ja eigentlich demütigend, daß jeder Eltern werden darf, doch keiner qualifiziert darauf vorbereitet wird.

Licht, Kamera an, Action!

In vielen Geburtsvorbereitungskursen wird man Ihnen Videofilme über Geburten zeigen – Geburten im Krankenhaus, zu Hause, im Wasser oder an Plätzen, an die Sie nie gedacht haben. Sie werden mit Schreien, Keuchen und Stöhnen der

Gebärenden konfrontiert. Es mag Ihnen dann schlagartig klarwerden, daß Sie bisher gar nicht so genau wußten, was da eigentlich auf Sie zukommt. Nun, zur Umkehr ist es jetzt zu spät – halten Sie die Ohren steif, es wird schon alles gutgehen.

Wozu ein Geburtsvorbereitungskurs gut ist

Der tiefere Sinn so eines Kurses liegt darin, Ihnen Ihre Geburtshelferrolle einzutrichtern und Ihrer Partnerin zu einer Menge neuer Vokabeln in Schwangerschaftschinesisch zu verhelfen. Mit dieser Fachsprache werden Sie in dem Kurs überschwemmt. Zum Beispiel: Was sind Kegelübungen und warum will die jeder machen? Kegelübungen (benannt nach Dr. Arnold Kegel von der Universität von Kalifornien in Los Angeles, Anm. der Red.) stärken und trainieren die Beckenbodenmuskeln. Bei diesen Übungen geht es um das Anziehen dieser Muskeln für fünf oder zehn Sekunden. Man beginnt mit wenigen Wiederholungen und arbeitet sich dann hoch.

Diese Übungen steuern dem unwillkürlichen Harnfluß (Inkontinenz) entgegen, unter dem manche Frauen während der Schwangerschaft leiden. Und sie erleichtern bei der Entbindung den Austritt des Kopfes des Babys.

Und da gibt es noch einen ganz egoistischen Grund, warum auch Männer an diesen Übungen interessiert sind. Kegelübungen verbessern die Kontrolle der Frau über ihre Vaginalmuskeln. Eine Fähigkeit, die sich hervorragend eignet, um das sexuelle Vergnügen zu steigern (Kegelübungen – nicht nur für Schwangere!).

Gespräche von Mann zu Mann

Frauen fällt es nicht schwer, ihre Gefühle, Hoffnungen und Ängste mit ihren Freundinnen zu besprechen. Wir Männer reden lieber stundenlang über sportliche Ereignisse, als daß wir unser Innerstes enthüllen.

Folglich zählt zu den Vorteilen eines gemeinsam besuchten Geburtsvorbereitungskurses, daß wir Männer Gelegenheit zu einem unbelasteten Gedankenaustausch bekommen. Zeit für Gespräche von Mann zu Mann bieten die vielen »Pinkelpausen«, die für das Wohlbefinden und die Gesundheit der werdenden Mütter nötig sind. Nutzen Sie Ihre Chance!

Das große Ganze im Auge behalten

Ein Baby zu bekommen gehört zu jenen überwältigenden Erfahrungen, die man nicht in einem Tag, einer Woche oder einem Monat verarbeiten kann. Ein Geburtsvorbereitungskurs kann Ihnen helfen, die Tatsache zu begreifen, daß sich in wenigen Wochen ein ziemlich großes Objekt durch eine ziemlich kleine Öffnung Ihrer Partnerin seinen Weg in unsere Welt bahnt. Dafür braucht es viel Zeit, und es kann dabei einiges verletzen und Ihre Partnerin manchen Gefahren aussetzen.

Ein Geburtsvorbereitungskurs vermittelt Ihnen die Kenntnisse, die Sie brauchen, um Ihrer Partnerin helfen zu können – wirkungs- und vertrauensvoll. Ja, vor allem mit Vertrauen.

29

Schmerzfrei oder natürlich?

Mit oder ohne schmerzstillende Maßnahmen gebären? Darüber reden wir jetzt. Könnten Männer schwanger werden, würden sie sich bestimmt für den Einsatz von Schmerzmitteln entscheiden. Frauen sind wirklich das stärkere Geschlecht. Wunderbarerweise haben etwa ein Drittel der Frauen eine natürliche Geburt. Für den Rest bleibt die Entscheidung: Schmerzen tun weh. Medikamente lindern den Schmerz. Also, her mit den Mitteln! Grob unterscheidet man zwischen zwei Gruppen: Schmerzmittel (Analgetika) und örtliche Betäubung (Lokalanästhesie).

Maßnahmen zur Schmerzerleichterung können Auswirkungen auf den Geburtsvorgang haben, zum Beispiel das Herauspressen des Babys erschweren, und somit den Geburtsvorgang verlängern. Die werdende Mutter muß selbst entscheiden ob, wieviel und wie lange sie Schmerzen erdulden möchte. Ihre Geburtshelfer – Hebamme und Arzt – stehen ihr auch in dieser Hinsicht mit Rat und Tat zur Seite.

Er sagt
Mein Frau verlangte kategorisch schmerzstillende Maßnahmen. Sie fragte schon nach der PDA, bevor wir überhaupt anfingen. – *John*

Schmerzmittel

Schmerzlindernde, krampflösende Zäpfchen eignen sich für die Anfangsphase der Geburt. Werden stark wirksame Schmerzmittel verabreicht, kann die Schwangere sich benommen fühlen. Schmerzmittel können auch intravenös verabreicht werden. Die Palette der möglichen Mittel, die während der Geburtsphasen zur Anwendung kommen können, ist relativ groß.

Örtliche Betäubung (Lokalanästhesie)

Mit Hilfe der Injektion eines Betäubungsmittels werden begrenzte Bereiche des Körpers oder schmerzleitende Nervenbahnen betäubt. Der Vorteil dabei ist, daß die werdende Mutter bei Bewußtsein bleibt. Je nach Verfahren wird der Preßdrang der Mutter nicht oder in Abhängigkeit von der Dosierungsabstimmung mehr oder weniger beeinflußt.

Die bekanntesten Verfahren sind: der Pudendusblock und die PDA (Periduralanästhesie). Einzelheiten dazu finden Sie im Glossar. Die Vollnarkose übrigens bleibt (wenn überhaupt) dem Kaiserschnitt vorbehalten.

Halten Sie sich raus!

Das gilt für die Entscheidung, ob und welche schmerzerleichternden Maßnahmen zum Einsatz kommen. Die Regel ist ganz einfach: Die Entscheidung liegt voll und ganz bei Ihrer Partnerin, denn Sie haben keine Schmerzen.

Bei ihrer ersten Entbindung haben viele Frauen die noble Absicht, eine natürliche Geburt zu erleben – ohne geburtshilfliche Maßnahmen wie die Schmerzlinderung. Das ist verständlich, haben sie doch noch nie die Schmerzen einer Geburt erfahren. Kommt aber die Stunde der Wahrheit, wird die Befreiung von Schmerzen schnell zu einer Sorge, die im Brennpunkt steht.

Die beste Hilfe, die Sie der werdenden Mutter als ihr Partner geben können ist: Informiertsein über die Risiken, Auswirkungen und Vorteile ihrer Schmerzlinderungswünsche. Es kann Situationen geben, bei denen Sie mithelfen müssen, eine Entscheidung zu treffen.

Zumeist wissen die Frauen selber am besten, was sie wann wollen. Auf jeden Fall sollten Sie die Entscheidung Ihrer Partnerin unterstützen. Und Sie sollten sie ermutigen zu fragen, was sie braucht oder haben kann. Viele von uns haben einen Hang zur selbstzerstörerischen Tapferkeit. Doch es gibt keinen Grund, Ihre Partnerin leiden zu lassen – aus purer Sturheit und falsch verstandener Tapferkeit. Möglicherweise möchte Ihre Partnerin Ihre Zusicherung, daß Sie nicht denken, sie wolle kneifen, wenn sie den Plan, ihr Kind auf natürliche Weise zur Welt zu bringen, aufgibt. Wahrscheinlich aber wird es sie in solch einer Situation überhaupt nicht interessieren, was Sie von ihr denken.

㉚

Unheimliche Momente

Es ist völlig normal, daß Sie sich Gedanken über die Gesundheit Ihrer Partnerin und des Babys machen. Die Sorge um die beiden wird Sie während der ganzen Schwangerschaft begleiten.

Kaum einer ist jedoch auf die Angst vorbereitet, die man empfindet, wenn plötzlich »etwas nicht normal läuft«, obwohl das fast jedem Paar widerfährt.

Für Männer ist so eine Situation besonders schwer, weil sie Angst nicht gern zulassen und schon gar nicht freiwillig zugeben. Stellen Sie sich vor, Sie gehen mit Ihren Freunden Skilaufen und gelangen an einen Steilhang, bei dessen Anblick Sie denken: »Wenn ich da runterfahre, riskiere ich mein Leben.« Sie wollen aber vor Ihren Freunden nicht als Waschlappen dastehen. Die anderen denken natürlich genauso. Was passiert? Alle fahren diesen verflixten Abhang hinunter. Unten angekommen werden Sie sich gegenseitig auf die Schulter klopfen und gemeinsam schwadronieren, wie toll die Abfahrt war, obwohl Sie alle insgeheim froh sind, noch am Leben zu sein. Es macht Spaß, Macho zu sein, solange Sie noch leben und große Töne spucken können.

Während neun langer Schwangerschaftsmonate fällt es einem aber schwer, ein Macho zu bleiben. An einem bestimmten Punkt ist jeder Mann gezwungen, sich der Angst zu stellen, die unweigerlich auftaucht, wenn man neues Leben in die Welt setzt.

In unserem Fall wurde bei meiner Frau schwangerschaftsbedingter Bluthochdruck festgestellt und sofortige Bettruhe verordnet. Es bestand die Gefahr einer ernsthaften Gesundheitsstörung, falls der Blutdruck noch weiter steigen würde. Das zwang uns, die Tatsache zur Kenntnis zu nehmen, daß wir mit hoher Wahrscheinlichkeit eine Frühgeburt zu erwarten hatten. Und die Lungen des Babys waren noch nicht voll entwickelt! Wenige Wochen später stellte der Arzt bei unserem Baby einen Wachstumsstop fest, so daß meine Frau fünf Wochen früher entbinden mußte. Bei seiner Geburt wog mein Sohn nur drei Pfund. Ich verbrachte diese letzten Wochen in ständiger Angst um Mutter und Kind. Ich war nur noch ein Nervenbündel.

Er sagt
Das Baby hatte sich 24 Stunden nicht bewegt. Sie rief deshalb in meiner Arbeitsstelle an, und wir sausten ins Krankenhaus, um Tests machen zu lassen. Sie gaben ihr etwas Apfelsaft, und das Baby begann, in ihrem Bauch zu strampeln – alles war O.K. Das war einer jener Momente, die mir messerscharf klarmachten: Für dieses Lebewesen tragen wir die Verantwortung!
– Michael

Selbst wenn alles glatt läuft, kann Sie während der Zeit der Schwangerschaft die winzigste Kleinigkeit zermürben. Über die »Schwangerschaftshysterie« sollten Sie daher folgendes wissen:

- In der Regel sind diese Reaktionen blanke Hysterie. Sie jagen einem mehr Angst ein, als sie Gefahren in sich bergen. Gerade, wenn keine Gefahr besteht, redet der Arzt ganz offen.
- Wenn der Arzt Ihnen mitteilt, Sie müßten sich keine Sorgen machen, machen Sie sich welche – mehr als jemals zuvor.

Sie haben sich wahrscheinlich niemals für ein Lebewesen so verantwortlich gefühlt wie jetzt für Ihr Kind. Das ist eine ehrfurchtgebietende und zugleich einschüchternde Erkenntnis. Das wirklich Schwierige an der Sache ist, daß es so unendlich viel Unberechenbares dabei gibt. Letztlich existiert so etwas nicht wie eine Durchschnittsschwangerschaft. Diese bildet ja nur den Querschnitt durch die Summe der Erfahrungen. Und falls sich im eigenen Fall irgend etwas nicht mit diesen Durchschnittswerten deckt, wird man unruhig.

Zum Glück liegt die Rate der Geburtsfehler und der Schwangerschaftskomplikationen erfreulich niedrig, dank des enormen medizinischen Fortschritts, der Früherkennungsmöglichkeiten und der regelmäßigen Vorsorgeuntersuchungen. Wenn jedoch irgend etwas Ungewöhnliches während der Schwangerschaft Ihrer Partnerin auftritt, werden Sie dies als reale und unmittelbare Gefahr empfinden. Ihre dabei auftretende Angstreaktion darf man nicht negativ bewerten. Zu Ihrer eigenen Beruhigung können Sie sich sagen, daß diese Angst ein Maßstab für Ihre Sorge und Ihr Verantwortungsbewußtsein als werdender Vater ist. Die Angst darf Sie aber nicht lähmen. Das beste Gegenmittel gegen Angst: Tatsachen, Fakten, Informationen.

Sobald sich Komplikationen während der Schwangerschaft Ihrer Partnerin anbahnen, lassen Sie alles stehen und liegen, reden mit dem Arzt, stellen Fragen und informieren sich ausführlichst.

Dieses Informiertsein läßt zwar die Probleme nicht verschwinden, aber Sie sind in der Lage, die Risiken realistischer einzuschätzen und wissen besser, ob und wie Sie helfen können.

Ein paar Zahlen

Nur zwei bis drei Prozent der Kinder kommen mit irgendeinem Geburtsfehler auf die Welt.

Er sagt

Sie war wirklich auf dieser »So-ist-es-normal-Schiene«, und wenn ein oder zwei Symptome nicht in das Schema reinpaßten, meinte sie: »Bei mir stimmt etwas nicht!« Und sie wollte sofort den Arzt anrufen oder am liebsten gleich ins Krankenhaus fahren. Sie sagte entweder »Ich spüre etwas.« oder »Ich spüre überhaupt nichts.« –, so ging es die ganze Zeit. *– John*

Im letzten Drittel hatte sie Wehen, die für sie gräßlich waren. Man dachte, sie müsse schon im sechsten Monat entbinden. Mittags bekam ich eine Notiz. Es war ein Anruf vom Krankenhaus, das mir mitteilte, meine Frau hätte Wehen. Es war einfach schrecklich. *– John*

31

»Liebling, wir müssen miteinander reden!«

Ist das Baby erst einmal auf der Welt, werden Sie ein wenig beschäftigt sein, vielleicht auch ein bißchen arg müde und griesgrämig. Deshalb sollten Sie über ein paar Themen sprechen, bevor das Elternsein Sie beide vereinnahmt.

Stillen

Möchte Ihre Partnerin das Neugeborene stillen? Raten Sie ihr dazu, schließlich haben Sie das überall in diesen Studien gelesen, die besagen, daß Muttermilch das Immunsystem des Babys stärkt. Dies ist ein wichtiger Grund, das Stillen zu bevorzugen. Die Vorteile der Muttermilch sind in der Tat wissenschaftlich bewiesen.

Gestehen Sie's, Sie raten Ihrer Partnerin vielleicht aber auch zum Stillen, weil Sie nicht gern mitten in der Nacht aufstehen mögen. Das ist kein guter Grund!

Die Frage ist: Welche Rolle spielt Ihre Meinung übers Stillen? Nun, Ihre Stimme zählt nicht viel, denn wie bei der gesamten Schwangerschaft treffen nicht Sie die ausschlaggebenden Entscheidungen, sondern Ihre Partnerin. Sie muß das Kind austragen, und sie wird diejenige sein, die zum Stillen mitten in der Nacht aufstehen muß.

Viele Frauen entscheiden sich von sich aus zum Stillen.

Sollte Ihre Partnerin unschlüssig, Sie jedoch von der Sache überzeugt sein, machen Sie ihr eine dieser elektrischen Pumpen schmackhaft. Mit so einem Gerät kann man die Muttermilch absaugen und in Flaschen abfüllen. Dann teilen Sie die Mahlzeiten des Babys – inklusive jener in der Nacht – gerecht unter sich auf, und Sie geben dem Baby die Muttermilch aus der Flasche. Wenn Sie oder Ihre Partnerin diese Arbeitsteilung nicht wollen (oder das Baby den Wechsel zwischen Mutterbrust und Flasche entschieden ablehnt, Anm. der Red.), sollten Sie das akzeptieren.

Reibungen können auch auftreten, wenn Ihre Partnerin unbedingt stillen möchte. Manche Männer befürchten, daß sie dann links liegengelassen werden und vermissen die eigene Erfahrung des innigen Eingebundenseins, die mit der Fütterung eines Neugeborenen einhergeht.

Die ersten Wochen

Wie lange können Sie nach der Geburt Ihrer beruflichen Arbeit fernbleiben, um sich Ihrem Kind zu widmen und Ihrer Partnerin zu helfen, sich zu erholen?

Väter haben heute festgeschriebene Rechte, wenn es um die Betreuung ihres Kindes geht. Besprechen Sie die ganze Sache jedoch rechtzeitig mit Ihrem Arbeitgeber.

In Deutschland kann man beim Bundesministerium für Familie, Senioren, Frauen und Jugend, Berlin, und in Österreich beim Bundesministerium für Umwelt, Jugend und Familie, Wien, kostenlose Broschüren anfordern, die über Erziehungsgeld und Erziehungsurlaub (betrifft jeweils beide

Elternteile) und staatliche Hilfen für die Familie Auskunft geben.

Ihre Entscheidung wird jedoch sicher nicht nur von Ihren finanziellen Möglichkeiten oder Ihrer persönlichen »Familienpolitik« und Ihren Wünschen beeinflußt werden, sondern auch von der Geschäftspolitik Ihres Arbeitgebers. Wie viele Kollegen in Ihrer Firma nehmen sich eine »Auszeit«, wenn sie Vater geworden sind? Wieviel Zeit nehmen Sie sich?

Beim Thema »Erziehungsurlaub für Väter« meinen viele Männer immer noch, man erwarte von ihnen die Erfüllung der alten Regel »Der Job steht an erster Stelle.«, statt sich Zeit für ihr Kind zu nehmen.

Ich wußte, daß die anderen Männer in der Firma, in der ich arbeitete, sich nach der Geburt ihres Kindes nur ein paar Tage Urlaub genommen hatten. Ich aber wollte mehr Zeit mit meinem Baby verbringen. Außerdem hatte ich das Gefühl, ich könnte eine Vorreiterrolle spielen und so den anderen Kollegen ermöglichen, sich so viel Zeit für ihr Kind zu nehmen, wie sie gern möchten. Ich blieb vier Wochen zu Hause und arbeitete dann vier Wochen nur Teilzeit. Danach dankten mir einige werdende Väter, da sie es nun leichter hatten, um eine entsprechende Regelung zu bitten. Die Entscheidung für oder gegen einen mehr oder weniger lang andauernden Erziehungsurlaub wird Männern wahrlich nicht leichtgemacht.

Neben den beruflichen Zwängen kommt auch Druck von der »Heimatfront«. Warum auch nicht? Denken Sie daran, was der Körper Ihrer Partnerin während der vergangenen neun Monate mitgemacht hat. Nach der Entbindung wird sie verständlicherweise erschöpft sein – und trägt die Verantwortung für dieses kleine neue Leben. Sie braucht Sie zu Hause, genauso wie das Baby es tut.

Und nicht zuletzt bieten diese ersten Wochen eine einzigartige Gelegenheit, um eine enge Bindung zwischen Ihnen und Ihrem neuen Kind aufzubauen. Man kann sich nur schwer vorstellen, daß Sie die zusätzliche Zeit, die Sie mit Ihrem Neugeborenen verbringen, bedauern könnten.

Es gibt also zwingende Gründe, sich mehr Zeit zu nehmen, als Beruf und Einkommen erlauben. Gleichzeitig besteht der Druck, zurück an den Arbeitsplatz zu gehen. Und so manch einer entdeckt, daß es für ihn nicht die reine Freude ist oder er einfach nicht gut ist, einen Säugling zu betreuen. Viele neue Eltern erzählen – mit verständlichen Schuldgefühlen, wie erpicht sie darauf waren, ihre berufliche Arbeit wieder aufzunehmen, weil sie ihnen wesentlich leichter erschien als das Betreuen eines Säuglings.

Das beste, was Sie und Ihre Partnerin tun können, ist über Ihre Ziele als Eltern und Ihre »Auszeit-Ängste« frühzeitig miteinander zu reden. So können Sie gemeinsam einen Plan entwickeln, der dem Baby, Vater, Mutter und Ihren familiären Finanzen gerecht wird.

Kinderpflege

Wer wird sich nach den ersten paar Wochen um das Kind kümmern? Möchten Sie, daß Ihre Partnerin zu Hause bleibt? Macht sie das? Können Sie beide sich diesen Wunsch leisten? Wie stellen Sie sich die weitere Betreuung Ihres Kindes vor? Welche Art von Kinderbetreuung können Sie sich leisten?

Das sind knallharte Fragen, mit denen Sie besser anfangen zu kämpfen, bevor Ihr Kind geboren wird.

Denken Sie aber auch gleichzeitig daran, daß Sie beide noch gar nicht richtig wissen, was Elternsein bedeutet, bevor Ihr Baby da ist. Sie wünschten sich vielleicht die Kombination Hausmann und Arbeitsplatz zu Hause, um dann festzustellen, daß sich Hausarbeit, Säuglingspflege und Erwerbstätigkeit nicht unter einen Hut bringen lassen. Oder Ihre Partnerin möchte eine Vollzeitmutter sein, stellt dann aber fest, daß sie eine weitaus bessere Mutter ist, wenn sie halbtags zum Arbeiten rauskommt.

Stärker als meine Frau hatte ich das Interesse, zu Hause zu bleiben. Als dann mein Sohn auf der Welt war, lernte ich schnell zwei Dinge: Erstens schminkte ich mir den Traum ab, ich könnte meinen Beruf zu Hause ausüben und gleichzeitig ein guter Vater sein. Zweitens mußte ich zugeben, daß ich kein sehr geduldiges Vollzeitelternteil war. Als ich dann halbtags arbeitete, machte ich meinen Job als Vater viel besser, als in der Zeit, in der ich den ganzen Tag über zu Hause war.

Im voraus wissen Sie nicht, wie Sie auf die Vorzüge und Herausforderungen des Elternseins reagieren werden, dennoch macht es Spaß, die verschiedenen Wünsche im Vorfeld zu erkunden. Informieren Sie sich über Kinderkrippen (viele haben eine Warteliste) oder den Einsatz einer Tagesmutter. Fragen Sie Freunde und Bekannte, die gerade Eltern geworden sind, nach ihren Erfahrungen, ihren Entscheidungen und dem Grad ihrer Zufriedenheit.

Kundschaften Sie alle Optionen aus, möglichst ohne sich schon jetzt festzulegen. Viele werdende Eltern finden später heraus, daß das Elternsein nicht so abläuft, wie sie es sich vorgestellt hatten. Einige waren freudig überrascht, für andere gestaltete es sich schwieriger. Bewahren Sie sich also die Chance, nach der Geburt herauszufinden, was für Ihre ganze Familie am besten funktioniert.

(32)

Kontakt halten

Je näher das große Ereignis rückt, desto mehr Sorgen machen Sie sich. Was passiert, wenn meine Partnerin plötzlich entbindet und ich nicht erreichbar bin? Die Angst, die Geburt zu versäumen, ist natürlich. Und falls Sie sich darüber keine Gedanken machen, Ihre Partnerin tut es ganz gewiß.

In unserer vernetzten Welt ist die Chance, im entscheidenden Moment jemanden nicht zu erreichen, ziemlich gering. Die Menschen steigen heute auf den Mount Everest und telefonieren per Handy von seinem Gipfel, um jedermann wissen zu lassen, daß sie es geschafft haben.

Handys gibt es inzwischen wie Sand am Meer. Und falls Sie noch keines haben, sich aber eines wünschen, wäre das jetzt eine gute Gelegenheit, sich so ein Ständig-Erreichbar-Wunder anzuschaffen. Handy-Gegner finden möglicherweise einen Freund, der sich Ihrer erbarmt und sein Westentaschentelefon für den Endspurt der Schwangerschaft ausleiht.

Die Kehrseite eines Handys: Sie sind ständig erreichbar und müssen antworten, wenn Ihre Partnerin anruft. Ruft sie an, hat sie entweder das Baby bekommen oder nicht.

Ihre Partnerin ruft an, Ihr Herz fängt an zu rasen, und mit einem Bein sind Sie schon auf dem Weg zu ihr. Und so könnte das Telefonat ablaufen:

Er: Ist es soweit?
Sie: Soweit? Wofür?
Er: Ins Krankenhaus zu gehen.
Sie: Oh, nein, Dummerchen. Ich habe nur angerufen, um zu fragen, was du machst.
Er: Ich arbeite. Hast zu angerufen, um mich das zu fragen?
Sie: Was, du willst nicht mit mir reden?

Ehe Sie sich versehen, sind Sie wieder einmal auf eine Fangfrage hereingefallen und wurden in die »Du-liebst-mich-nicht-Falle« gelockt. Sie sind das Opfer eines Notfall-Testlaufs geworden. Bevor Sie verrückt werden oder das Ding einfach ausstellen, reden Sie mit Ihrer Partnerin darüber, wie Sie sich bei solchen belanglosen Anrufen fühlen. Oder Sie denken mal genauer über den Grund ihres Anrufs nach und machen das Spiel mit. Schließlich haben viele Frauen gegen Ende der Schwangerschaft ein größeres Bedürfnis nach Nähe und Zuwendung. Sie fühlt sich vielleicht allein gelassen, und es könnte ihr gut tun, zu wissen, daß Sie für sie da sind, wenn sie genau Sie braucht, um zu reden oder auch nur, um einfach mal »hallo« zu sagen.

Früher oder später kommt der Schicksalsanruf, der aber möglicherweise dann so lautet: »Was, du hast das Baby? Jetzt, eben?« Typisch Mann, als ob das eine große Überraschung wäre. Nach neun Monaten des Wartens und Vorbereitens ist es höchste Zeit zum Handeln!

8

DER TAG DER GEBURT

㉝

Das Klinikgepäck

Den Koffer für die Entbindung im Krankenhaus zu packen, ist vergleichbar mit der Zusammenstellung der Ausrüstung für einen Campingausflug in ein unerschlossenes Waldgebiet. Sie können alles mitnehmen, was Sie besitzen und fühlen sich doch unzureichend ausgerüstet.

Gepäck für die ganze Familie

Nein, alles brauchen Sie wirklich nicht, doch gibt es ein paar Dinge, die nicht fehlen sollten. Ach ja, packen Sie den Koffer rechtzeitig. Hier treffen wir auf so etwas Ähnliches wie das Babyzimmer-Syndrom. Ihre Partnerin packt den Koffer vielleicht schon einen Tag nach dem Schwangerschaftstest. Möglicherweise läßt sie sich noch ein paar Monate daran hindern. Während Sie noch über das perfekte Gepäck für die Woche, in der Ihre Partnerin es tatsächlich braucht, nachdenken, machen Sie sich auf einen Kampf gefaßt. Einpacken sollte man:

Komfortartikel für sie

- Walkman mit Lieblingsmusik (wenn sie die Musik entspannend findet)

- Zuckerfreie Lutscher (ihr Mund wird trotzdem trocken werden)
- Socken (um ihre Füße warm zu halten)
- Öle und Lotionen (um ihren Rücken und Körper einzureiben)
- Waschlappen und Haarbürste (um sich bequem zu erfrischen und um gepflegt auszusehen)
- Lieblingsparfüm
- Toilettenartikel, Morgenrock und extra Anziehsachen für den Weg nach Hause
- »Ihr« Schwangerschaftsbuch

Wichtige Utensilien für ihn

- Stoppuhr oder Uhr (um den Abstand der Wehen zu messen)
- Sandwiches oder belegte Brote (damit ihr nicht der Magen knurrt)
- Spielkarten, Spiele oder Zeitschriften (zur Ablenkung und Unterhaltung)
- Lieblingskopfkissen (es könnte eine lange Nacht werden)
- Fotoapparat oder Videokamera (lesen Sie dazu Kapitel 35, Seite 172 ff.)
- Ein Geschenk (lesen Sie dazu Kapitel 37, Seite 183 ff.)
- Dieses Buch (falls Sie es noch nicht auswendig können)

Gepäck für das Baby

- Seine/ihre ersten Anziehsachen (insbesondere die für den Heimweg)
- Sein/ihr erstes Spielzeug

Der neue kleine Mensch kann mit einer Rassel beispielsweise ganz gewiß noch nichts anfangen, aber für Sie wird es ein berauschendes Gefühl sein, dem Baby zum allererstenmal etwas »vorzurasseln«.

Check-up

Bevor Sie Ihre Gepäckliste abschließen und die Tasche oder den Koffer packen, fragen Sie im Krankenhaus, welchen Service man dort bietet. Das ist von Klinik zu Klinik unterschiedlich. In manchen Einrichtungen kümmert man sich auch um das leibliche Wohl der werdenden Väter in Form leckerer Imbisse. Vergleichen Sie Ihre Gepäckliste mit den angebotenen Dienstleistungen des Krankenhauses, damit Sie nicht zuviel oder zuwenig mitschleppen.

Was Sie nicht mitnehmen sollten

- Ihren Laptop (»Ich will nur ein kleines bißchen arbeiten, Liebling.«)
- Videos der letzten Fußballweltmeisterschaft
- Ihren Walkman (Außer, Sie wollen lauter schreien als sie.)

- Ihr Handy (Es sei denn, Sie benutzen es nur, um die Verwandtschaft über die erfolgreiche Ankunft des Babys zu informieren.)
- Zwei oder drei neue Bücher (»Gute Gelegenheit, um die endlich mal zu lesen, Liebling.«)

Herzlichen Glückwunsch! Ihr Krankenhausgepäck ist perfekt. Doch eine Frage quält Sie sicher noch: »Kippe ich um?«

Sie sagt

Er weigerte sich, die Tasche zu packen. Erst einen Tag, bevor wir ins Krankenhaus gingen, tat er es dann endlich. Er brauchte nur zehn Minuten dazu. Er bestand darauf, selbst zu packen, doch verschob er es immer wieder. Ich glaube, das war seine Art, die Augen vor der Realität – ja, wir bekommen wirklich ein Baby – zu verschließen. – *Carrie*

34

Kippe ich um?

Jeder normale Mann stellt sich die Frage: »Werde ich während der Entbindung umkippen?« Beruhigen Sie sich! Ihre Ängste sind wirklich ganz normal. Viele Männer befürchten, in Ohnmacht zu fallen. Kaum einer fällt aber tatsächlich um.

Der beste Weg, Ihre Chance, die ganze Sache aufrecht stehend zu erleben, zu sichern, ist: Informieren Sie sich genau, was bei der Entbindung vor sich geht. Ein gemeinsam mit Ihrer Partnerin besuchter Geburtsvorbereitungskurs wird Ihnen viele Informationen vermitteln, die Sie gut brauchen können, um Ihre Ängste durch Vertrauen zu ersetzen. Oder falls in Ihrem Kurs das Sahnehäubchen (das Video, das eine Geburt zeigt) gefehlt hat, können Sie so ein Video leihen. Diese Geburtsfilme bieten wirklich eine wertvolle Vorschau auf die »eigene« Entbindung. Und Sie können sich selbst dabei kennenlernen. Manche Männer schauen sich in aller Gemütsruhe eine Herzoperation im Fernsehen an und essen dabei Abendbrot. Andere wimmern schon, wenn ihr eigenes Blut aus einer winzigen Schnittwunde tropft. Falls Sie zu den empfindlicheren Typen gehören, können Sie schon im Vorfeld einplanen, in welchen für Sie allzu »schrecklichen« Momenten Sie später bei der Entbindung weggucken sollten (oder müssen). Aber Sie kennen ja sicher den leicht wirren Spruch: Erstens kommt es anders, zweitens als man denkt.

Wenn Ihr eigenes Kind auf die Welt kommt, werden Sie staunen, wie spannend das ist – trotz irgendwelcher Ängste.

Er sagt
Als man meiner Frau eine PDA gab, war das schrecklich. Ich habe nichts gesehen, doch allein die Beschreibung dieser Anästhesiemethode verursachte mir Übelkeit. Erst als ich mich hinkniete, fühlte ich mich besser. *– Paul*

Während der Entbindung werden Sie auch ab und zu mal an sich selbst denken müssen. Bei all Ihrem Bemühen um Ihre Partnerin brauchen Sie ein bißchen Zeit zum Kraft tanken. Essen Sie zwischendurch ein paar Happen, damit Sie mit beiden Beinen auf der Erde stehen bleiben (und Ihnen nicht der Kreislauf versagt, weil Ihr Magen total leer ist).

Also, Ihre Ängste sind normal. Doch falls Sie sich ausschließlich auf Ihre Ängste kaprizieren, könnten Sie tatsächlich ein Problem haben. Konzentrieren Sie sich besser darauf, wie Sie Ihre Partnerin unterstützen können. Wenn Sie sich engagiert und hochkonzentriert um das kümmern, was dann im Moment abläuft, werden Sie rasch feststellen, daß es wirklich Interessanteres gibt, als übers Umkippen nachzudenken.

Schon alles vorbei?

Neben der Sorge ums mögliche Umkippen im Kreißsaal befürchten manche, sie könnten die Geburt ihres Kindes versäumen, weil man sie aus dem Entbindungsraum hinauskomplimentiert. Das passiert tatsächlich manchmal. In einigen Krankenhäusern darf der Vater bei einem Kaiserschnitt nicht anwesend sein.

Erkundigen Sie sich also, ob es in dem von Ihnen beiden ausgewählten Krankenhaus irgendwelche Einschränkungen hinsichtlich Ihrer Anwesenheit im Kreißsaal gibt, und was Sie dafür beziehungsweise dagegen tun können.

Im großen und ganzen stehen die Chancen gut für Sie: Wenn Sie bei der Geburt anwesend sein wollen, werden Sie dabeisein!

Da Sie nun fest entschlossen sind, die Geburt Ihres Kindes von Anfang bis Ende mitzuerleben, lassen Sie uns nun darüber reden, wie Sie sich dabei nützlich machen können.

Er sagt
Ich kenne keinen Mann, der sich nicht schon Sorgen übers Umkippen gemacht hat. Ich ganz bestimmt. Man hat einfach Angst zu versagen – bei dem einzigen Job, den man bei der Sache hat: dabei zu sein. Und das genau in dem Moment, in dem sie am meisten auf mich zählt. *– Paul*

(35)

Licht an, Kamera läuft

»Und... Action!« Die Videokamera zu bedienen zählt zu den wenigen Aufgaben, die wir Männer während der Schwangerschaftszeit wirklich gut erledigen. Das gelingt uns, weil uns der Hang zu High-Tech-Spielzeugen schlichtweg im Blut liegt. Außerdem tun wir etwas Nützliches für unsere Partnerin. Wie viele Frauen gibt es wohl, die den wichtigsten Moment ihres Lebens, die Geburt ihres Kindes, für immer und ewig auf Film gebannt haben möchten?

Antwort: »Viele!«

Als werdender Vater und »Filmemacher« ist dies für Sie einerseits eine wichtige Nachricht. Andererseits müssen Sie aber damit rechnen, daß Ihre Partnerin im entscheidenden Moment schreit: »Duuu, stell jetzt das Ding ab, sonst...«

Bei dem, was Sie da für die Nachwelt festhalten möchten, handelt es sich ja nicht um irgendeinen x-beliebigen Augenblick. Jahre später werden Sie den einmaligen Dokumentarfilm vielleicht sehr witzig finden. Allerdings gibt es Frauen, die für derlei Filmkunst nie und nimmer irgendeine Art von Humor aufbringen können.

Daher müssen Sie sich die Frage stellen: »Film oder nicht Film?« Neben der Tatsache, daß Sie eine schriftliche Genehmigung des Krankenhauses für Ihr »Filmprojekt Geburt« brauchen (Anm. der Red.), gibt es nur eine Antwort auf die oben gestellte Sinnfrage: »Fragen Sie rechtzeitig Ihre Partnerin!« Erklären Sie ihr, was Sie hoffen einzufangen, und warum Sie gern »den Film drehen« möchten. Und hören Sie sich gut an, was sie darüber denkt. Viele Frauen werden nur widerstrebend zustimmen, wenn jemand den schmerzvollsten Augenblick ihres Lebens für immer auf Film festhalten will. Das läßt sich leicht nachvollziehen. Eine Gebärende fühlt sich dick und äußerst unattraktiv – kurz gesagt: überhaupt nicht telegen. Ginge es Ihnen nicht genauso, wenn Sie in der Situation wären?

Bei allem Problembewußtsein erkennen aber auch viele Frauen das Besondere dieses Augenblicks und sind offen für solche »Filmaufnahmen«.

Er sagt

Ja, ich filmte. »Mach es bloß gut!« Sie wollte es irgendwie, und ich meinte: »Wer wird sich diesen Videofilm überhaupt ansehen?« – *Kevin*

Wir gaben eine Party, um unser Video vorzuführen – für dreißig Personen – im Wohnzimmer! – *Mike*

Aus! Kamera aus!

Seien Sie flexibel und kreativ. Falls Ihre Partnerin die Entbindung nicht auf Film haben möchte, schlagen Sie ihr vor, die Aufnahmen an einem bestimmten Punkt des Geburtsvorgangs abzubrechen. Versichern Sie ihr, daß sie jederzeit das Zeichen zum Abbrechen geben darf, beziehungsweise Sie dies von alleine tun. Die Last der Entscheidung sollten Sie ihr nicht aufbürden, sie hat wirklich genug zu tun.

Eine andere, weniger »bedrohliche« Möglichkeit ist das Fotografieren. Auch hier müssen Sie mit Ihrer Partnerin den »Keine-Fotos-mehr-Moment« besprechen. Respektieren Sie die Entscheidung Ihrer Partnerin – und wenn der Finger am Auslöser noch so juckt!

Vergessen Sie nicht: Ihre Hauptaufgabe im Kreißsaal ist ganz gewiß nicht die eines Dokumentarfilmers. Nehmen Sie mit, was Sie einfangen können, doch konzentrieren Sie sich vor allem auf die Unterstützung Ihrer Partnerin, der Sie wirklich auf jede erdenkliche Art und Weise helfen müssen.

36

Die Entbindung

Neun Monate lang haben Sie und Ihre Partnerin sich gewünscht, dieser Tag möge ganz schnell kommen. Jedoch sobald die Wehenwellen rollen, wünschen Sie beide sich nichts sehnlicher, als mehr Zeit zum Vorbereiten, denn: »Wir sind ja noch überhaupt nicht fertig!«

Eine ganze Weile, bevor Sie der Geburtsstrudel erfaßt, sollten Sie sich deshalb über Ihre eigene Rolle bei der Entbindung im klaren sein und mit Ihrer Partnerin ein paar Grundregeln festlegen:

Grundregeln

Folgende Fragen sind zu klären: Wer soll bei der Entbindung anwesend sein? Und wann? Soll der Entbindungsteil nur eine Sache zwischen Ihnen und Ihrer Partnerin sein? Wann dürfen Verwandte das Baby sehen?

Hat die Geburt einmal begonnen, kann man solche Entscheidungen nicht mehr treffen. Sie haben dann den Kopf mit etwas Wichtigerem voll. Beraten Sie sich daher rechtzeitig mit Ihrer Partnerin, und informieren Sie die Verwandtschaft, was Sie entschieden haben – auch auf die Gefahr hin, daß jemand beleidigt ist. Es ist besser, von vornherein Klartext zu reden, als Störungen beim Geburtsvorgang zu ris-

Phasen der Entbindung

	Erste Wehen	Eröffnungswehen	Preßwehen	Entbindung	Nach der Geburt
Gesamtdauer	mehrere Stunden	zwei und mehr Stunden	Etwa 10 Minuten, kann aber auch sehr viel länger dauern	Minuten bis Stunden	5 Minuten bis 1 Stunde
Dehnung des Muttermundes	3 cm	3–8 cm	8–10 cm	Vollständig offen	
Wehentätigkeit	30–45 Sekunden, Abstand zunächst 20, 15, dann 10, dann 5 Minuten	40–60 Sekunden, Abstand etwa 3 Minuten	60-90 Sekunden, Abstand 1 Minute	Heftige Preßwehen, nur kurze Erholungspausen	Nachgeburt wird ausgestoßen
Wie Ihre Partnerin sich fühlt	• Beginn der Eröffnungsphase, längste schmerzhafte	• Intensive Schmerzen • Kann sich nur schwer entspannen	• Die Austreibungsphase beginnt • Die starken	• Kann alles um sich herum vergessen • Schreit,	• Erleichtert • Euphorisch oder sehr erschöpft • Durstig

	Phase • Rückenschmerzen, Angstgefühle • Verschiedene Untersuchungen (Krankenhaus)	• Kann wenig sprechen, muß sich auf Wehentätigkeit konzentrieren	Schmerzen erfordern ihre ganze Kraft und Konzentration • Meist fließt jetzt das Fruchtwasser ab	stöhnt • Bauchpresse unter Anleitung der Hebamme	
Was Sie tun können	• Ruhig bleiben • Wehenabstand messen • Ihre Partnerin ablenken und unterhalten • Um sich selbst kümmern: Essen Sie etwas!	• Ihr helfen beim Atmen und Entspannen • Für angenehme Atmosphäre sorgen (gedämpftes Licht, leise Musik) • Sie umsorgen (Rücken einreiben, Gesicht erfrischen)	• Weiter helfen bei Atem- und Entspannungsübungen • Sie streicheln und ihr liebevoll zureden (aufmunternd, tröstend)	• Die Hebamme verbal unterstützen • Ihre Partnerin ermutigen durch »Fortschrittsberichte« • Sich vollkommen nach ihr richten	• Ihr gratulieren • Ihr etwas zu trinken geben • Halten Sie Ihr Baby im Arm!

kieren oder gar Diskussionen im Kreißsaal führen zu müssen.

Ein paar Zahlen
Wer ist bei der Mutter im Kreißsaal:

Vater des Babys	*96 %*
Andere Familienmitglieder	*27 %*
Freundin oder Freunde (eine oder mehrere)	*11 %*

Er sagt
Bei der Geburt unseres ersten Kindes war ich gekränkt, weil meine Schwiegermutter mich links liegen ließ. Ständig hielt sie das Baby im Arm, und wenn ich es tat, bewachte sie mich wie ein Schießhund. Ich verstehe sie ja, aber ich wollte damals doch nur mal fünf Minuten mit meinem eigenen Kind allein sein. Beim zweiten Kind haben wir dann alle vor der Entbindung hinausgeworfen. *– Kevin*

Ihre Rolle während der Entbindung

Sie sind der Trainer und Ihre Partnerin der Spielmacher. Wie die meisten Männer vom Fußball her wissen, ist das Schwere am Trainerdasein, daß der Spielführer auf den Platz und seinen Job machen muß. Und doch ist Ihre Rolle lebenswichtig, denn kaum ein Spielmacher kann Erfolge verzeichnen, wenn nicht ein guter Trainer hinter ihm steht und während des Spiels eine Auge auf ihn hält.

Keineswegs aber dürfen Sie in die Rolle des passiven Zuschauers schlüpfen. Eine Geburt kann ganz schnell gehen, aber auch so lange dauern wie vier Fußballspiele – mit vielen Verlängerungen. Selbst die besten Spielführer brauchen ihren Trainer zur Unterstützung und Beratung. Achten Sie also aufmerksam darauf, was Sie tun können, um Ihrer Partnerin zu helfen. Seien Sie bei der Geburt ein genauso guter Trainer wie die im Sport. Mit all Ihren Sinnen müssen Sie beim Spiel bleiben und nach allem Ausschau halten, was Ihren Spielführer dem Erfolg ein Stück näher bringt.

Sie müssen nicht perfekt sein

Jeder macht Fehler, auch ein Trainer. Seien Sie also nicht zu streng mit sich. In der Aufregung, die das große Ereignis nun mal mit sich bringt, werden Sie sich vielleicht nicht an alles erinnern, was Sie im Geburtsvorbereitungskurs gelernt haben. Und Sie könnten tatsächlich etwas falsch machen. Nicht Ihre Perfektion zählt während der Geburt, sondern Ihre Anwesenheit! Sie dürfen durchaus mal ratlos sein, denn schließlich ist ja ein kompetenter Arzt da. Konzentrieren Sie sich Schritt für Schritt auf das, wozu Sie in der Lage sind.

Gehen Sie auch davon aus, daß Sie sich mal ein Weilchen ausklinken werden. Manchmal bietet das In-Ruhelassen die bessere Hilfe für Ihre Partnerin, um sich durch diese knallharte Situation durchzukämpfen. Keine Geburt gleicht der anderen, und jedes Elternpaar erzählt etwas anderes.

Während »unserer« Entbindung empfand meine Frau

meine Hilfs- und Unterstützungsanstrengungen als äußerst störend, und sie scheute sich nicht, mir das zu sagen. Ich hielt mich zurück. Als ich ihr nach einer Weile erneut meine Hilfe anbot, war sie wieder bereit, sie anzunehmen.

Ein paar Zahlen

Nutzen werdende Mütter bei der Geburt ihr Wissen, das sie in einem Geburtsvorbereitungskurs erworben haben?

Ja	*67 %*
Nein	*33 %*

Er sagt

Ich wollte ihr gerade heiße, feuchte Umschläge machen, um den Schmerz zu lindern. Da schnappte sie meinen Arm und krallte sich fest. Nun gut – ein Indianer kennt keinen Schmerz.

– *Michael*

Die Geburt des Babys glich einem übersinnlichen Erlebnis. Meine Augen liefen über, und ich fing an zu schluchzen. Was da geschah, war einfach unglaublich, überwältigend und von unsagbarer Bedeutung – und traumhaft schön. – *Michael*

Sie meint nicht, was sie sagt

Wehen und Entbindung werden wahrscheinlich zur einschneidendsten Erfahrung im Leben Ihrer Partnerin. Und da Sie an ihrer gegenwärtigen, nicht gerade schmerzlosen Situation »mitschuldig« sind, wird sie Ihnen während der Geburt ein paar nicht sehr freundlich klingende Worte an den Kopf werfen. Doch verzeihen Sie ihr im voraus schlichtweg alles, was sie sagt, nachdem Sie beide im Krankenhaus angekommen sind. Auch wenn es so klingt, als ob sie's ernst meint! Wahrscheinlich trifft das sogar in diesem Augenblick zu. Es ist Ihre Aufgabe, nichts davon – weder Vorwürfe noch Scham – mit in die Zukunft zu nehmen. Schieben Sie die Schuld an ihren Schimpfkanonaden oder anderweitigen Ausbrüchen immer auf etwas anderes, auf die Medikamente, das heiße Wetter, das kalte Wetter …

Zum Glück gehen die Schmerzen Ihrer Partnerin vorbei. An vieles – was Sie genau gehört haben –, wird sie sich später gar nicht mehr erinnern. Es wäre äußerst unklug, insgeheim gemachte Tonaufnahmen abzuspielen. Seien Sie froh über alles, was sie nicht mehr weiß. Hätte sie es wirklich so (böse) gemeint, könnte sie es nicht so schnell vergessen.

Was sie wann braucht

Wie lange eine Geburt dauert, läßt sich schwer voraussagen. Doch da Sie im Geburtsvorbereitungskurs aufgepaßt haben, wissen Sie, daß der Geburtsvorgang in mehreren Phasen abläuft. Und Ihnen ist auch klar, daß kaum eine Geburt gemäß Lehrbuch vor sich geht. Als kleine Gedächtnisstütze sollten Sie aber dieses Buch mitnehmen und die vorige Seite aufschlagen, um immer wieder nachschauen zu können, was Sie im jeweiligen Stadium der Entbindung für Ihre Partnerin tun sollten.

Es handelt sich dabei um Empfehlungen! Das letzte Wort hat die Verfassung Ihrer Partnerin. Hören Sie ihr deshalb erst einmal genau zu und entscheiden dann, welche der vorgeschlagenen Hilfsmaßnahmen sinnvoll sind. Als »Geburtshelfer« mag es hilfreich für Sie sein zu wissen, was normal ist. Doch die Ereignisse schlagen manchmal Haken wie ein Hase auf der Flucht. Konzentrieren Sie sich deshalb voll und ganz auf die Bedürfnisse Ihrer Partnerin und auf ihre Empfindungen während der Geburt – ganz gleich, wie es läuft, ob nun normal oder nicht.

Sie sehen Ihr Baby!

Auf diesen Augenblick haben Sie neun Monate sehnsüchtig gewartet. Jetzt geht es nicht ums Falsch- oder Richtigmachen. Genießen Sie diesen Moment in vollen Zügen. Sie sollten sogar Ihre Kamera weglegen. Diesen Anblick, dieses Bild werden Sie ganz gewiß für immer in Ihrem Kopf behalten.

Sie sagt
Er war mir wirklich eine große Hilfe. Allein, daß er da war, meine Hand hielt, mich fragte, ob ich irgend etwas haben wollte, mich mit Eis und Keksen fütterte … *– Janice*

37

Das Geschenk

Ihr neugeborenes Kind ist vielleicht das schönste Geschenk, das Sie jemals in Ihrem Leben bekommen werden. Doch um dieses Gottesgeschenk geht es nicht in diesem Kapitel.

Hier handelt es sich um das Geschenk, das Sie Ihrer Partnerin – im voraus – anläßlich der Geburt Ihres gemeinsamen Kindes überreichen sollten. (Pause, bis Tausende von Männern geschockt nach Luft geschnappt haben.)

Wäre dieses Buch allein aus Sicht der Männer geschrieben worden, gäbe es dieses Kapitel wohl kaum. Männer denken selten an Geschenke für Weihnachten oder Geburtstage. In unserem Gehirn sind Begriffe wie »Geschenke« oder Ähnliches nicht verankert. Doch immerhin können wir nach der Geburt guten Gewissens sagen: »Ich habe dabei mitgeholfen.« Oder etwa nicht? Was will eine Frau denn mehr?

Das Geschenk der Geschenke

Als ich mehrere Frauen fragte, was werdende Väter wissen sollten, gaben sie einstimmig an: viel über Schwangerschaft und Geburt. Glauben Sie mir, ich versuchte, ihnen diese Idee auszureden.

Lesen Sie »Sie sagt«, dann wissen Sie, was einige der Frauen zum Thema Geschenke zu sagen hatten.

Ich stellte die Theorie auf, daß ein Mann eigentlich seiner Frau Schmuck schenken müßte. Bevor ich auch nur den nächsten Atemzug tun konnte, hatte meine Partnerin schon alle schwangeren Frauen der Nachbarschaft darüber informiert. Und jede einzelne von ihnen machte es sich zur Aufgabe, es allen anderen Frauen weiterzusagen. Deshalb müssen wir Männer heute blechen!

Wie Sie allein aus den Kommentaren von Nancy, Janice und Carrie entnehmen können, handelt es sich beim Kauf und Überreichen dieses Geschenks nicht um irgendeinen banalen Vorgang.

Bevor Sie einen Kredit für den Kauf »ihres« Geschenkes aufnehmen, sollten Sie die Ansprüche schwangerer Frauen an dieses Geschenk aller Geschenke kennen:

Sie sagt

Schmuck zur Entbindung! Eine Freundin erzählte mir davon, deshalb sagte ich zu meinem Mann: »Du weißt, daß du mir zur Geburt Schmuck schenken mußt, nicht wahr?« Und er tat es! Und beim zweiten Kind schenkte er mir eine zauberhafte perlenbesetzte Uhr. Das machte mir geradezu Lust auf ein drittes Kind. Ja, Männer – Schmuck! Ich meine, eine Schwangere hat neun Monate die Last getragen, die ganze Arbeit gemacht und all diese Schmerzen ausgehalten. Da hat sie doch wohl ein schönes Geschenk verdient! – *Nancy*

Es sollte groß sein

Immerhin vergleicht die frischgebackene Mama das Geschenk mit dem, was sie Ihnen geschenkt hat: neun Monate physischer und emotionaler Opfer und als Höhepunkt die Geburt.

Schmuck ist das Wunschgeschenk der Frauen, die ich befragt habe. Blumen oder ein schickes Abendessen (keine Pizza) wurden nur der Höflichkeit halber erwähnt.

Der Schmuck muß anspruchsvoll sein

Zum Schmuck, der Frauen gefällt, gehören Ohrringe, Halskette, Uhr oder Armband. Diese Stücke sind nicht zu verwechseln mit Accessoires, zum Beispiel einer Brosche oder einer Anstecknadel. Damit machen Sie mehr Minus- als Pluspunkte.

Sie müssen das Geschenk im voraus kaufen

Ihre Partnerin geht davon aus, daß Sie neun Monate Zeit hatten, das Geschenk zu kaufen. Wenn Sie warten und dann zum Geschenkeladen des Krankenhauses runterrennen müssen, wird sie gekränkt sein, weil Ihnen dieser äußerst wichtige Punkt erst nachträglich eingefallen ist. Es sei denn, Sie kaufen dort ein wertvolles Schmuckstück.

Klar, Frauen wünschen sich Schmuck. Aber wissen Sie welchen? Ich bin mir ziemlich sicher, Sie kommen mit allem gut an, solange man merkt, daß Sie sich Gedanken über das Geschenk gemacht haben und damit Ihren Dank und Ihre Hochachtung ausdrücken wollen für das, was Ihre Partnerin in den vergangenen neun Monaten geleistet hat.

Sie sagt
Ich habe gerade dein Baby zur Welt gebracht. Ist das nicht eine kleine Anerkennung wert? Eine Glückwunschkarte vielleicht? Wie wär's mit einem Geschenk? Überleg doch mal! Der Mann arbeitet neun Minuten, die Frau neun Monate. Ein Geschenk wäre da schon angebracht. Als Anerkennung für das, was deine Frau dir gerade geschenkt hat – das größte Geschenk aller Zeiten – einmalig! Ein Geschenk, bitte! *– Janice*

Eine Belohnung? Aber ja doch! Natürlich! Nur ein kleines – irgend etwas. Schwangerschaft ist etwas, was Männer nicht erledigen können. Ich erwartete etwas. Wo war mein Blumenstrauß? Er gab mir ein paar Blümchen, aber ich glaube, er hatte sie aus dem Nachbarzimmer entführt. Nach neun Monaten kann man doch erwarten, daß man etwas Schönes bekommt! *– Carrie*

9

WIEDER ZU HAUSE

38

Die erste Woche

Herzlichen Glückwunsch! Sie haben die neun Schwangerschaftsmonate überstanden und sind für Ihre Anstrengungen mit einem bezaubernden Baby belohnt worden. Sie haben das Baby nach Hause gebracht. Geschafft!

Männer betrachten die Entbindung als Schlußpunkt, Höhepunkt und Ende dieser neunmonatigen Reise. Und wundern sich, wenn ihre Partnerin ihre Begeisterung nicht teilt. Sie sind aufgedreht. Sind stolz. In ihrem Körper verändert sich ja auch nichts.

Wie es ihr nach der Geburt geht

Die Entbindung markiert das Ende der Schwangerschaft, aber die Auswirkungen dieser neun Monate lösen sich nicht über Nacht in Luft auf. Es wird noch ein paar Wochen dauern, bis Ihre Partnerin die Schwangerschaftszone endgültig verlassen hat. Folgende Symptome treten in den ersten Tagen und Wochen nach der Geburt auf beziehungsweise können auftreten:

Blutungen

In den ersten paar Tagen wird sie blutigen Ausfluß (Wochenfluß oder Lochien genannt) haben, der nach etwa zwei Wochen gelblich, später weißlich wird und sich nach und nach verringert.

Signale der Natur

Sie hat eine Menge durchgemacht. Nichts anderes als das absolut Notwendige kommt aus ihrem Körper heraus. Sie kann während der ganzen ersten Woche unter Verstopfung leiden. Und das ist mehr als unangenehm für sie.

Schmerzen

Ihr Körper wird sich wie ein menschlicher Punchingball fühlen, voller dumpfer Schmerzen, Wundsein und Krämpfen. Muß ich Sie daran erinnern, warum sie Wunden hat?

Brüste

Groß? Ja. Schmerzempfindlich? Ja! Das »Einschießen« der Milch für das Baby kann die Brüste anschwellen lassen. Sie können schmerzen, bis der Körper seiner Mutter die natürliche Balance gefunden hat und nur so viel Milch produziert, wie das Baby verbraucht.

Stillen

Aus Sicht der Männer ist Stillen die natürlichste Sache der Welt. Doch die ersten Stilltage können für das Baby schwierig sein und für die Mutter schmerzhaft. Bei manchen Frauen sind die Brustwarzen eine ganze Woche wund.

Abnehmen

Frauen mit Normalgewicht nehmen während der Schwangerschaft durchschnittlich zwanzig bis dreißig Pfund zu. Ihre Partnerin sehnt sich wahrscheinlich schon ungeduldig nach ihren alten Körpermaßen. Bis sich die ersten Anzeichen der früheren Figur zeigen, kann dieses Thema für sie eine ständige Quelle des Ärgers und der Frustration sein. Auch Sie mögen besorgt sein, ob sie ihre früheren Maße wohl jemals wieder erreichen wird, doch jetzt ist garantiert nicht der richtige Zeitpunkt, um über solche Ängste zu debattieren. Helfen Sie ihr, indem Sie sich an einer angemessenen Gymnastik beteiligen und ihr das sichere Gefühl geben, daß sie für Sie gut aussieht, so wie sie ist. Tun Sie das, auch wenn Ihnen dieser Weg nicht hundertprozentig sicher erscheint.

Ein paar Zahlen

In einer Studie über schwangere Frauen wurde festgestellt, daß nur 28 Prozent der Frauen während der sechsten bis achten Woche nach der Geburt zu dem Gewicht zurückkehrten, das sie vor der Schwangerschaft hatten.

Sie sagt
Am zweiten Tag lud mein Mann alle Nachbarn ein. Er war schrecklich aufgeregt. Das war richtig süß. Er wollte seine neue Tochter vorführen. Männer! Bevor ihr Leute einladet, besprecht das mit eurer Frau: »Bist du nicht zu müde? Hast du nicht zu große Schmerzen? Zu heftige Blutungen?« Und wenn sie sagt: »Lüge, sag, daß das Baby schläft.« – dann lügt und sagt: »Das Baby schläft.« *– Janice*

Kommt überhaupt nicht in Frage!

Es gibt ein ganzes Bündel an Möglichkeiten, wie Sie während der ersten Woche nach der Geburt ins Fettnäpfchen treten können:

»Ein wunderbarer Augenblick!«

Sie erzählen jedem, der es hören will – oder auch nicht –, welch wunderbarer Augenblick die Geburt war. Den Jubel über Ihr frischgebackenes Papadasein haben Sie sich verdient. Berücksichtigen Sie jedoch sehr feinfühlig die Tatsache, daß da jemand – genau im gleichen Augenblick – wirklich hart gearbeitet hat und keine Gelegenheit hatte, diesen »wunderbaren Augenblick« zu genießen.

Sie laden alle ein

Sie fordern Ihr ganzes Büro und jeden lebenden Verwandten auf, Sie zu besuchen, um das Neugeborene zu betrachten. Sie sind der stolze Papa. Sie möchten angeben. Natürlich tun Sie das. Ihr Körper ist ja auch nicht durch eine Schwangerschaft beeinträchtigt worden. Sie müssen keinen Säugling alle zwei Stunden an Ihre Brust legen. Sie dürfen nachts sogar ein bißchen schlafen.

Die frischgebackene Mama sorgt sich unterdessen um ihr Aussehen und wie das Haus oder die Wohnung aussieht, so wie sie es immer tut – mit einem gewaltigen Unterschied: Während der ersten Woche mit dem Baby zu Hause hat sie weder die Kraft noch die Zeit für andere Dinge. Falls sie zu den außergewöhnlichen Frauen gehört, denen das alles gleichgültig ist, sagt sie: »Klar, lade alle ein!« Viel wahrscheinlicher ist aber, daß sie es vorzieht, Gäste in kleineren Dosierungen zu empfangen. Und das zu einem Zeitpunkt, zu dem sie sich wohl und gutaussehend fühlt. Fragen Sie daher immer Ihre Partnerin, bevor Sie Gäste zum Babygucken einladen.

»Hab ich gut geschlafen!«

Prahlen Sie damit, wie gut Sie nachts geschlafen haben, wird das mit Sicherheit erst einmal Ihr letzter tiefer Nachtschlaf gewesen sein.

Stillt Ihre Partnerin, sollten Sie ihr anbieten, dem Baby nachts die Windel zu wechseln, bevor Sie ihr es für die

Nachtfütterung bringen. Damit verschaffen Sie Ihrer Liebsten ein bißchen mehr Schlaf und sich selbst ein bißchen mehr Einfühlungsvermögen in den wahren Sinn von Engagement und Partnerschaft bei der Babypflege.

Prahlen Sie besser nicht. Ihre Partnerin würde nämlich auch gern die Nacht durchschlafen. Die Natur hat ihr jedoch eine Rolle zugeschrieben, die dieses schlichte Vergnügen verhindert. Falls Sie auf Ihr Nachtarrangement und -engagement nicht eingehen mag, zeigen Sie teilnahmsvolles Verständnis für ihre nächtlichen Anstrengungen und fragen Sie, was Sie während einer anderen Tageszeit für sie tun können.

Es gibt noch einen eigennützigen Grund, warum Sie sich in den ersten Wochen voll engagieren sollten. Sie müssen eine ganze Menge tun, bis die Hoffnung besteht, daß Sie Ihre Partnerin wieder anfassen dürfen.

39

Wieder Sex!

»Wie lange muß ich warten?« Das fragen sich viele Männer - und manchmal auch die Frauen – schon zwei Minuten nach der Geburt ihres Kindes. Nun gut. Tatsache ist, daß Ihre Partnerin eine Stunde vor der Entbindung gesagt haben könnte: »Duuu, faß mich bloß noch einmal an, dann bringe ich dich um!« Da Sie ein Mann sind, haben Sie das inzwischen längst vergessen, und Sie sind übergegangen zu Ihren, nun ja, selbstsüchtigen Bedürfnissen.

Zeit für einen Realitätstest!

Wenn es darum geht, romantische Beziehungen wieder aufzubauen, benehmen sich Männer häufig wie eingesperrte Bullen, wild scharrend lauern sie darauf, eifrig loszustürmen, sobald ihr Pferch sich öffnet. Wundern Sie sich nicht, wenn Ihre Partnerin weniger Aufbruchstimmung zeigt.

Allerdings könnten auch Sie derjenige sein, der sich in Zurückhaltung übt. Manche Männer, die zugesehen haben, wie das Baby aus dem Körper Ihrer Partnerin kam, betrachten sie mit ganz anderen Augen. Sie sehen in ihr jetzt eher eine bemerkenswerte Gebärmaschine als eine lockende Verführerin. Doch das ist alles völlig normal und vorübergehend. Sobald sich der Körper der frischgebackenen Mutter wieder erholt hat, stellen die meisten Männer fest, daß ihr sexuelles Feuer wieder auflodert.

Sie werden vielleicht auch schwer in Stimmung für die Liebe kommen, weil Sie eigentlich viel lieber ein Nickerchen machen würden. Fast alle Eltern von Neugeborenen träumen ständig vom »Ins-Bett-Gehen«. Doch ihr ganzes Begehren dreht sich ... ums tiefe und lange Schlafen.

Männer sind häufig schon bereit, zur Sache zu kommen, während die Mama wegen der physischen Beeinträchtigungen durch Schwangerschaft und Geburt noch zögert.

Betrachten Sie das Ganze doch mal aus Sicht der frischgebackenen Mama. Da gibt es einen Säugling, der vollständig von ihr abhängig ist und ihre ständige Aufmerksamkeit fordert. Ihr Körper fühlt sich angeschlagen und wund an. Ihre Brüste schmerzen, da sie voller Babymilch sind. Und wahrscheinlich fühlt sie sich nicht sonderlich attraktiv, weil ihr Körper noch ziemlich wabbelig und verquollen ist. Wie soll sie da, bitte schön, lustvolle Gefühle entwickeln?

Sie sagt
Jeder will was von dir. Das Baby, dein Mann, deine Freunde. Gebt uns doch die Chance, uns zu erholen. Wir sind erschöpft und unser Körper schmerzt. – *Nancy*

Langsam, sanft und geduldig

Als Faustregel gilt: Sechs Wochen warten. Falls Sie sich auf den Tag genau sechs Wochen nach der Geburt auf Ihre Partnerin stürzen, seien Sie auf eine Verweigerung gefaßt. Jeder weibliche Körper und jedes sexuelle Verlangen regenerieren sich in einem unterschiedlichen Tempo. Sprechen Sie über Ihre sexuellen Wünsche, und machen Sie deutlich, wie attraktiv Sie Ihre Partnerin finden, und gehen Sie das Ganze langsam an.

Während Sie auf grünes Licht warten – auf Ihr eigenes und das Ihrer Partnerin – betrachten Sie doch mal die vergangenen Schwangerschaftshilfsmaßnahmen unter »intimen Gesichtspunkten«. Seit Sie beide durch die Pflege Ihres Säuglings ständig gegen die Müdigkeit ankämpfen, wird es ohnehin Zeit, sich gegenseitig mal wieder etwas Gutes zu tun. Erinnern Sie sich daran, wie sehr sie die Rücken- oder Fußmassagen während ihrer Schwangerschaft genossen hat? Hören Sie die Nachtigall trapsen? Sie wird solche Massagen auch jetzt noch mögen, obwohl das Baby schon da ist. Eine Massage kann der Königsweg sein, um den Körper des anderen behutsam zu genießen.

Sie könnten auch ein Abendessen bei Kerzenschein arrangieren oder ein Video ausleihen und beim Filmgucken das gute altmodische Schmusen ausprobieren. Das Kuscheln zeigt ihr, daß sie noch geliebt wird. Gleichzeitig schonen Sie ihren Körper mit zärtlicher Rücksicht. Beides wird sie zu schätzen wissen: das Verlangen und die Achtung.

Wenn dann das grüne Licht aufleuchtet, machen Sie sich auf Gefühlsirritationen und gewisse Spielregeln gefaßt. Da sich der Körper Ihrer Liebsten verändert hat, kann sie ganz andere Empfindungen haben als Sie.

Und nicht zuletzt: Bevor Sie sich in der neugewonnenen Liebeslust aalen, denken Sie mal daran, wohin das vor einigen Monaten geführt hat. Stürmen Sie beide nicht ins Bett, ohne miteinander besprochen zu haben, ob Sie noch mehr Kinder haben wollen – und wann.

Ein paar Zahlen
Die Zeit, die Frauen brauchen, um das sexuelle Verlangen, das sie vor ihrer Schwangerschaft hatten, zurückzuerlangen:

Weniger als 3 Monate	*62 %*
3 bis 5 Monate	*9 %*
6 bis 9 Monate	*7 %*
Mehr als 9 Monate	*22 %*

Er sagt
Ich wollte schon abhauen. Es dauerte bei ihr mehrere Monate. Mehrere! *– Michael*

Wir warteten sechs Wochen mit dem ersten Sex. Endlich, nachdem ich so geduldig gewartet hatte, war sie bereit –, und sie präsentierte mir eine ganze Liste mit Verhaltensregeln. Der letzte Punkt dieser Checkliste betraf ihre herrlichen milchgefüllten Brüste. Sechs lange Wochen hatte ich darauf gewartet, endlich mit ihnen zu spielen, und da sagte sie doch glatt: »Liebling, ich freue mich, daß wir zusammen sein können. Es wird wundervoll werden, doch die Brüste darfst du nicht anfassen. Die sind für das Baby.« Sprach's und legte beide Hände über ihre Brüste. *– John*

40

Das nächste Kind?

Wenn man gerade das Krankenhaus verlassen hat, kann man sich weiteren Kindersegen kaum vorstellen. Man mag noch nicht einmal darüber sprechen.

Andererseits drehte sich in den vergangenen Wochen alles um das schönste Thema der Welt: ums Kinderkriegen. Wundern Sie sich also nicht, wenn die Diskussion über dieses Thema schon kurz nach der Geburt wieder auflodert. Sie meinen vielleicht, es sei zu früh, an das nächste Kind zu denken, wo Sie doch noch nicht einmal das Elterndasein beim ersten so richtig im Griff haben. Das ist eine kluge Beobachtung. Aber sie schützt Sie nicht vor der unvermeidlichen Frage: »Wollen wir uns das noch mal antun?«

Während der vergangenen Monate hatte sich alles in Ihrem Zusammenleben auf das kommende Kind konzentriert. Wahrscheinlich haben Sie mit Ihren detailgetreuen Schilderungen der einzelnen Schwangerschaftsstadien alle Ihre ledigen Freunde vertrieben.

Trotz allem kann diese intensive Erfahrung Paare sehr viel enger zusammenbringen. Gerade die starken Gefühle mit ihren extremen Ausprägungen bei Liebe, Freude, Angst und Furcht können den Wunsch »nach mehr« auslösen. Daher ist es völlig natürlich, daß Sie – vor allem kurz nach der Geburt – miteinander darüber reden wollen, ganz gleich, ob einer von Ihnen diese Erfahrung nochmals machen möchte.

Ja, nein, vielleicht...

Es gibt drei Möglichkeiten: ein klares Ja zum nächsten Kind, die Entscheidung verschieben oder nein, kein weiteres Baby.

Eine typische Mehr-Kinder-Diskussion fängt häufig mit dem Satz an: »Du wirst mich niemals wieder anfassen!« Das könnte ein Hinweis sein, daß Ihre Partnerin kein weiteres Kind haben möchte.

Ein Kind zu haben bedeutet, viel Verantwortung zu übernehmen. Das haben Sie ja inzwischen gelernt. Wer sich gegen ein weiteres Kind entscheidet, hat die ausschlaggebende Stimme. Das »Spiel« läuft so: Beide wünschen sich ein weiteres Kind: null Probleme, prima. Der Mann will, die Frau aber nicht: Spielende mit Unentschieden, beim Tennis würde man sagen mit einem Tie-Break. Wenn die Frau will, der Mann aber nicht: Beide sollten abwarten.

Wahrscheinlich können Sie der Versuchung nicht widerstehen, dieses Thema zu diskutieren. Ich ermutige Sie aber nicht, schon jetzt eine Entscheidung zu treffen. Sammeln Sie besser erst einmal mehr Erfahrungen, was Elternsein bedeutet, bevor Sie sich festlegen.

Falls Sie Option drei wählen – kein Kind mehr –, seien Sie auf die unvermeidliche Frage gefaßt: »Wie können wir das sicher verhüten?« Und ich garantiere Ihnen, Sie werden über kurz oder lang in eine Diskussion über eine gewisse chirurgische Methode, bei der es um einen wirklich sehr wichtigen Teil der männlichen Anatomie geht, verwickelt sein.

»Du willst mich, wozu?«

Wagen Sie es auszusprechen? Vasoresektion? Sterilisation des Mannes! Ihre Partnerin kann es, da bin ich mir sicher. Ja, sie wird es tun, wenn das jetzige Kind das letzte sein soll. Denn Sie sind derjenige, dem man die Gier, Babys zu machen, austreiben muß.

Oje, sie hat's Ihnen gegeben. Immerhin hat sie gerade Ihr Baby neun Monate in ihrem Körper getragen. Damit verfügt sie über etwas, das man in der Geschäftswelt eine starke Verhandlungsposition nennt.

Falls Sie sich tatsächlich über das Thema »mehr Kinder« zanken, sollten Sie beide bedenken: Es könnte Sie beide seelisch tief verletzen.

Wenn Sie vorangehen und das große »V« ausführen lassen, entfällt der ganze Verdruß. Oder Ihre Partnerin erinnert Sie ständig an die goldene Regel werdender Väter: Es hätte schlimmer kommen können – DU könntest schwanger geworden sein.

Zum guten Schluß

Herzlichen Glückwunsch. Sie haben die Schwangerschaftszone überstanden. Ihre Belohnung ist das wertvollste aller Geschenke: ein neugeborenes Kind. Na klar, das Ende der Schwangerschaft geht nahtlos in den Beginn des Elterndaseins über. Vielleicht sind Sie noch so überwältigt von den Anforderungen Ihrer neuen Rolle, daß Sie sich noch gar nicht bewußt sind, was Sie da eigentlich geschaffen haben.

Außerdem könnten Sie auch die ernüchternde Erkenntnis gewonnen haben, daß eine Schwangerschaft nur neun Monate dauert, das Elternsein dagegen ein Leben lang.

Falls Sie noch benommen sind oder sich Sorgen machen – oder beides zusammen –, sollten Sie sich einen Moment Zeit nehmen und über das nachdenken, was Sie erreicht haben.

Gelernt ist gelernt

Wenn Sie nun anfangen, sich den Herausforderungen des Elternseins zu stellen, können Ihre Leistungen während der vergangenen neun Monate eine Kraftquelle für Sie sein:

- Sie haben gelernt, die trickreichsten Fragen Ihrer Partnerin zu erkennen und – ohne Schaden anzurichten – zu beantworten. Das Resultat: Sie spricht noch mit Ihnen.
- Das Baby hat ein Zimmer, das bis ins kleinste perfekt ausgestattet ist.
- Sie haben die Lustgefühle in Ihrer Beziehung am Leben erhalten, trotz der körperlichen Veränderungen und der Launenhaftigkeit Ihrer Partnerin.
- Sie haben das männliche Verlangen, eine Sache kurzerhand selbst zu erledigen, bezwungen, indem Sie gelernt haben, die Rolle des Helfers zu spielen.
- Ihnen ist es gelungen, den Zeitbegriff Ihrer Partnerin (jetzt) mit Ihrem (später) in Einklang zu bringen.
- Bei der Geburt blickten Sie Ihren Ängsten mutig ins Gesicht und schöpften neue Kraft aus der Partnerschaft mit Ihrem »Kumpel«. Und jetzt haben Sie beide ein bezauberndes Baby.
- Und als Sonderleistung sprechen Sie jetzt ganz passabel Schwangerschaftschinesisch, und Sie kennen sich mit Baby-Willkommens-Partys bestens aus, falls Sie jemals wieder an einer teilnehmen sollten.

Während Sie sich ins Elterndasein stürzen, vergessen Sie nicht die Lektionen, die Sie gelernt haben. Fangfragen werden weiterhin auftauchen. Und Sie werden bestimmt noch den Nachtschwärmerurlaub für Männer brauchen, jetzt wo Sie Papa geworden sind. Auch Ihre Liebesbeziehung läuft weiter – sie kostet mehr Mühe mit einem Baby im Haus.

Jetzt müssen Sie Ihre Rollen gut spielen

Bisher mußten Sie sich nur um sich selbst und Ihre Partnerin kümmern. Nun ist eine neue Rolle hinzugekommen: Papa.

Sie werden ein Supervater sein, wenn Sie sich an Ihre aktive Rolle erinnern, die Sie während der Schwangerschaft Ihrer Partnerin gespielt haben. Gehen Sie genauso engagiert vor, wenn es um die Betreuung des neugeborenen Kindes geht. Das ist nicht allein Mutters Aufgabe. Sie werden für die Zeit, die Sie investieren, eine dicke Belohnung erhalten.

Vergessen Sie jedoch nicht, an sich selbst zu denken, denn das Elterndasein steigert die Anforderungen an Ihre Zeit und Kraft. Sprechen Sie mit Ihrer Partnerin über alles, um einen gangbaren Weg zu finden, der Ihnen die Erfüllung Ihrer persönlichen Bedürfnisse ermöglicht.

Und nicht zuletzt werden Sie einige Anstrengungen unternehmen müssen, um Ihre Partnerschaft zu hegen und zu pflegen. Ihr Kind wird viel von Ihrer Zeit in Anspruch nehmen, so daß Sie sich für alles andere Ihre Zeit gut einteilen müssen. Denken Sie an die kreativen Wege, die Sie fanden, um Ihre Lustgefühle am Leben zu halten, als Ihre Partnerin »aus dem Leim ging«. Organisieren Sie Ausgehabende – mit Partnerin, ohne Kind. Den besten Weg zum glücklichen Elterndasein beschreitet man, indem sich beide Partner intensiv umeinander kümmern und das in den Vordergrund stellen.

Während der neunmonatigen Schwangerschaftszeit haben Sie große Freuden und schreckliche Momente erlebt. Und hoffentlich können Sie mit dem Gefühl zurückblicken, daß Sie beide stärker und reifer geworden sind.

Und letztlich bewahrheitet sich die goldene Regel für werdende Väter: »Es hätte schlimmer kommen können – Du selbst könntest schwanger geworden sein.«

Kurzbiographien

Ich stelle Ihnen kurz die Menschen vor, die hinter den Geschichten stecken. Ich danke allen dafür, daß sie so offen und ehrlich über ihre Schwangerschaftserfahrungen gesprochen haben.

Mike ist selbständiger Marketingberater. Als frischgebackener Vater schätzt er die Hilfe seiner Eltern und Schwiegereltern sehr. Er und seine Frau Carrie waren schon einmal verheiratet. Sie haben zusammen ein kleines Mädchen.

Kevin arbeitet seit mehr als fünfzehn Jahren in ein und derselben Firma. Er stammt aus einer großen Familie. Bis jetzt haben er und seine Frau zwei Kinder: ein Mädchen und einen Jungen. Wenn es nach Kevins Willen geht, werden noch weitere Kinder hinzukommen.

Paul arbeitet als Forscher in einer gemeinnützigen Organisation. Er und seine Frau haben ein kleines Mädchen. Er blickt auf eine Schwangerschaftszeit zurück, die mit Lektionen angefüllt war, die das Leben schrieb.

John ist ein bedeutender Mann beim Hörfunk und Fernsehen. Nach seiner Scheidung hat er wieder geheiratet und ist nun Vater eines Säuglings. Er entwickelte eine Art Galgenhumor, um die Zeit der Schwangerschaft zu überleben, und er kann eine Menge Geschichten erzählen, die das belegen.

Michael ist Verkäufer. Er erfuhr genau an seinem Geburtstag, daß er Vater werden wird. Er ist sehr selbstkritisch, wenn es um Schwangerschaft und Elterndasein geht. Seine größte Sorge ist, ein guter Vater zu sein. Er und seine Frau haben ein Kind.

Janice arbeitet in Teilzeit als TV-Produzentin. Sie meint, Männer müßten sensibler auf die Bedürfnisse ihrer schwangeren Partnerin eingehen. Und sie nimmt kein Blatt vor den Mund, wenn sie erklärt, was Männer tun sollten und was nicht. Sie und ihr Ehemann haben zwei Kinder: eine kleine Tochter und einen Sohn, der noch ein Baby ist.

Nancy ist Verkaufsleiterin. Sie scheut sich nicht, offen über ihren Partner zu sprechen. Auf ihre Karriere legt sie großen Wert, und sie zieht sich gern wie eine Geschäftsfrau an, auch während der Schwangerschaft. Sie findet das alles in Ordnung und hat kein schlechtes Gewissen. Sie und ihr Ehemann haben zwei Kinder.

Carrie ist Mikes Ehefrau. Sie arbeitet für eine Firma, die mit Etiketten für Weinflaschen handelt. Sie dachte, sie wäre die perfekte schwangere Partnerin, bis sie ein Telefongespräch mitbekam, das Mike mit einem seiner Kumpels führte.

Dank

Dieses Buch wäre ohne die vielen Männer und Frauen, die mich an ihren persönlichen Schwangerschaftserfahrungen teilnehmen ließen, nicht möglich gewesen. Auf dieser neunmonatigen Reise entwickelt sich eine Fülle von Emotionen, die von Angst bis Jubel reichen. Ich bin daher jedem einzelnen Elternteil zu Dank verpflichtet für seine Offenheit und Ehrlichkeit, die in dieses Buch einfließen durften und es bereicherten.

Außerdem danke ich Jennifer Lauck, die an mich als Autor glaubte und mich ermutigte, dieses Buch zu schreiben. Dank auch an Carrie und Mike, die diese Idee anregten und sagten: »Über genau das solltest du ein Buch schreiben!« Herzlichen Dank auch an Lisa Schneidermann, die mich zu diesem Projekt ermutigte und mich mit den großartigen Mitarbeitern von Beyond Words Publishing zusammenbrachte. Mein Dank geht auch an Cindy Blair und Kathy Matthews bei Beyond Words, die den Wert des Buches erkannt haben, eines Buches, das Männern helfen will, während der Schwangerschaft ein besserer Partner zu sein. Beiden danke ich auch für ihre Anstrengungen, das bestmögliche Buch zu machen. Meiner Agentin Nancy Love danke ich für ihre Geduld, ihre umfassenden Informationen über das Verlagsgeschäft und ihre Bemühungen, mich gut zu vertreten. Dank auch an Louis Randall für ihre großzügige Art, mit der sie mich an ihrem Verlags-Know-how teilhaben ließ.

Ganz besonders danke ich meinen Freunden bei AM Northwest und Town Hall, insbesondere Janice Bangs, Chris Harrison, Carolyn Stanton, Kerri Williamson und Lauren Moughon. Ihnen sei gedankt für ihre beharrlichen Ermutigungen, ihre kreativen Anregungen und ihre moralische Unterstützung. Tiefe Dankbarkeit bringe ich meiner Frau Kari für die Mühen entgegen, die sie gehabt hat, um unseren wunderbaren Sohn David auf die Welt zu bringen. David verdient ebenfalls ein Dankeschön für all das, was ich jeden Tag von ihm lerne. Dank auch an Paul, meinen Schwager, der immer für mich da war. Und ein herzliches Dankeschön an meine Mutter Gretta, deren Erinnerungsvermögen mich noch immer inspiriert.

Glossar

Amniozentese Amnionpunktion, Fruchtwasserpunktion, Untersuchung des Fruchtwassers, die ab der 14. Schwangerschaftswoche durchgeführt werden kann, und vor allem dazu dient, Aufschluß über Anomalien in der Erbsubstanz zu bekommen. Um das Fruchtwasser zu gewinnen, wird eine Hohlnadel durch die Bauchdecke der werdenden Mutter bis zur Fruchtblase geführt und wenige Milliliter der Flüssigkeit abgezogen.

Analgetika Schmerzstillende Medikamente. Die Einnahme von Schmerzmitteln sollte sowohl während der Schwangerschaft als auch im Lauf des Geburtsvorgangs nur in Absprache mit dem behandelnden Arzt erfolgen.

Anästhetika Medikamente zur Erzeugung einer allgemeinen oder einer lokalen Anästhesie (Betäubung).

Apgar-Test Ein Test, der unmittelbar nach der Geburt durchgeführt wird, um die gesundheitliche Verfassung des Neugeborenen zu beurteilen. Die Untersuchung umfaßt die Atmung, Puls- beziehungsweise Herzfrequenz, Muskeltonus (Muskelspannung), Reflexe und Farbe der Haut. Die Ergebnisse werden mit Punkten von 0 bis 10 (Höchstzahl) bewertet. Die ideale Punktzahl – »alles in Ordnung« – liegt zwischen 8 und 10 Punkten.

Beckenendlage siehe Kindslage

Damm Perineum. Bereich zwischen dem After und den äußeren Geschlechtsteilen. Bei der Entbindung kann das Perineum verletzt werden oder reißen (siehe auch Dammschnitt).

Dammschnitt Episiotomie. Einschnitt in das Dammgewebe zwischen Scheide und After, um den Scheidenausgang zu vergrößern, wodurch der Durchtritt des kindlichen Kopfes erleichtert wird und ein Dammriß vermieden werden kann.

Embryo Bezeichnung für das befruchtete Ei in der Gebärmutter und während der Zeit (der ersten acht Schwangerschaftswochen) der Organentwicklung. Danach wird die Frucht im Mutterleib bis zum Ende der Schwangerschaft Fetus genannt.

Eröffnungswehen Rhythmische Wehen in regelmäßigen, sich verkürzenden Abständen. Sie bewirken eine Öffnung des Muttermundes.

Fetus Bezeichnung für das ungeborene Baby in der Gebärmutter nach der achten Schwangerschaftswoche bis zur Geburt (siehe auch Embryo).

Fruchtwasser Flüssigkeit, die den Fetus in der Gebärmutter umgibt.

Gebärmutter siehe Uterus

Geburtseinleitung Einleitung der Geburt durch wehenfördernde Mittel (Oxytocinwehentropf) oder andere Methoden (zum Beispiel ein warmes Bad oder Bewegung).

Gelbsucht Ikterus. Sehr viele Kinder kommen mit einer »physiologischen Neugeborenen-Gelbsucht« zur Welt. Ursache dafür ist die noch nicht vollentwickelte Leberfunktion, so daß Gallenbestandteile, wie der Farbstoff Bilirubin, nicht ausgeschieden werden, sondern sich in der Haut ablagern und diese gelb färben. Diese Form der Gelbsucht ist in der Regel nicht krankhaft und verschwindet nach ein paar Tagen von allein.

Hypertonie Bluthochdruck. Tritt er während der Schwangerschaft auf, droht dem Fetus Gefahr. Eine ärztliche Behandlung ist unerläßlich!

Kaiserschnitt Schnittentbindung. Geburtshilflicher Eingriff, bei dem Bauchdecke und Gebärmutter geöffnet werden, um das Kind zur Welt zu bringen. Der querliegende Schnitt erfolgt nahe des Ansatzes der Schamhaare. Bei diesem »Bikinischnitt« ist die Narbe später kaum mehr zu sehen. Ein Kaiserschnitt wird hauptsächlich bei drohender oder bestehender Gefahr für Mutter und Kind oder einem von beiden sowie bei Lageanomalien angewendet.

Kindslage Die Mehrzahl der Kinder kommt mit Kopf voran zur Welt. Eine Lageanomalie ist die Steiß- oder Beckenendlage, bei der sich bei Geburtsbeginn der Kopf des Kindes oben in der Gebärmutter befindet und der Po im mütterlichen Becken. In diesem Fall wird häufig ein Kaiserschnitt durchgeführt.

Kolostrum Kolostralmilch, Vormilch. Gelbliche Flüssigkeit, deren Inhaltsstoffe (Eiweiße, Fett, Kohlenhydrate, Vitamine) ausreichen, das Kind in den ersten Lebenstagen zu ernähren, bis zwischen dem zweiten und fünften Tag nach der Geburt die eigentliche Milchbildung in Gang kommt. Es folgt die sogenannte Übergangsmilch und dann ab der dritten Woche die reife Frauenmilch.

Kontraktionen siehe Wehen

Laktation Produktion der Muttermilch in den weiblichen Brustdrüsen.

Lamaze-Methode Geburtsunterstützende Maßnahmen seitens der Mutter, die auf Entspannung sowie der Synchronisation von Atmung und Wehen beruhen. Die Methodik muß in einem Geburtsvorbereitungskurs erlernt werden und schließt eine intensive Aufklärung über den Geburtsvorgang ein, um der Mutter die Angst vor dem Geburtsschmerz zu nehmen. Väter sollten an diesem Kurs unbedingt teilnehmen, da sie während der Wehentätigkeit durch fundierte Anleitungen ihrer Partnerin sehr helfen können.

Leboyer-Methode Eine Geburtsmethode, deren Ziel es ist, dem Baby einen sanften Eintritt in die Welt zu verschaffen. Zu den Maßnahmen gehören unter anderem: gedämpfte Beleuchtung, ruhige Atmosphäre im Kreißsaal oder Entbindungszimmer und nach der Geburt ein sofortiger Körperkontakt mit der Mutter.

Lochien siehe Wochenfluß

Männerkindbett Couvade. Eigentlich eine Sitte, wobei der Vater sich nach der Geburt wie eine Wöchnerin verhält, während die Mutter schon bald wieder ihre alltäglichen Pflichten übernimmt. Der Grundgedanke dabei ist: Männer und Frauen erleben beziehungsweise erleiden die Geburt in gleichem Maße. Der Begriff Couvade-Syndrom wird heute auch landläufig angewendet, wenn der werdende Vater Symptome der Schwangerschaft durchmacht oder glaubt, diese zu haben.

Mekonium Kindspech. Dunkelgrüner bis schwarzgrüner Stuhl, der sich vor der Geburt im Darm des Babys angesammelt hat und als erster Stuhlgang ausgeschieden wird. Etwa ab dem dritten Lebenstag erfolgen normale Ausscheidungen, deren Farbe von der Art der verabreichten Nahrung abhängt.

Mutterkuchen siehe Plazenta

Mutterpaß Mutter-Kind-Paß (in Österreich). Ein kleines Heft, in dem alle notwendigen Schwangerschafts-Vorsorgeuntersuchungen aufgelistet sind und in das die jeweiligen Ergebnisse vom behandelnden Arzt eingetragen werden. Den Mutterpaß erhält man bei der Erstuntersuchung, bei der die Schwangerschaft festgestellt wird, vom Arzt.

Oxytocin Hormon, das in der Hirnanhangdrüse gebildet wird und die Kontraktion der Gebärmutter, also die Wehen, anregt. Seine kontraktionsfördernde Wirkung spielt auch bei der Entleerung der Milch aus der mütterlichen Brust eine gewichtige Rolle.

PDA Periduralanästhesie. Lokale Betäubungsmethode, die den Schmerz bei der Geburt ausschaltet. Das Betäubungsmittel – im unteren Lendenwirbelbereich (im Periduralraum) injiziert – macht die untere Körperhälfte gefühllos und schmerzunempfindlich. Mittels eines Katheters (eines kleinen Kunststoffschlauches) kann die Dosierung dem Bedarf sensibel angepaßt werden.

Periduralanästhesie siehe PDA

Perinatalperiode Zeitraum zwischen dem Ende der 28. Schwangerschaftswoche und dem siebten Tag (einschließlich) nach der Geburt.

Plazenta Mutterkuchen. Dieses scheibenförmige Organ entwickelt sich im Uterus. Es ist mit dem Embryo/Fetus durch die Nabelschnur verbunden, über die das ungeborene Kind mit Nährstoffen versorgt wird. Nach der Entbindung wird die Plazenta als Nachgeburt ausgestoßen. Zu diesem Zeitpunkt hat der Mutterkuchen einen Durchmesser von 15 bis 20 Zentimeter, ist 2 bis 4 Zentimeter dick und wiegt etwa 500 Gramm.

Pudendusblock Blockierung der schmerzleitenden Bahnen im Bereich des Scheidenausgangs, der Schamlippen und des Dammes mit einem örtlich wirkenden Betäubungsmittel. Auf diese Weise werden die Schmerzen ausgeschaltet, wenn der Kopf des Kindes die Scheide passiert. Der Preßdrang der Mutter bleibt in der Regel erhalten.

Schwangerschaft Die Zeit zwischen Empfängnis und Entbindung.

Senkwehen Stellwehen, Vorwehen. Treten in der Regel in den letzten vier Wochen der Schwangerschaft auf. Die zunächst schmerzlosen Uteruskontraktionen schieben das Kind – in der Regel mit dem Kopf voran – in das mütterliche Becken. Je näher der Geburtstermin rückt, desto heftiger und schmerzhafter kann die Wehentätigkeit sein und daher als Geburtsbeginn mißdeutet werden. Jedoch im Gegensatz zu den Eröffnungswehen, erfolgen die Senkwehen in unregelmäßigen Abständen und öffnen den Muttermund nicht.

Steißlage siehe Kindslage

Ultraschalluntersuchung Ultraschalldiagnostik, Sonographie. Eine diagnostische Untersuchung mittels eines Ultraschallgeräts, dessen Funktion auf hochfrequenten Schallwellen basiert. Die für Mutter und Kind völlig gefahrlose Untersuchung wird in bestimmten Abständen durchgeführt und dient dazu, die Entwicklung und den Gesundheitszustand des ungeborenen Babys im Mutterleib zu überwachen. Auch für Laien, also für die werdenden Mütter und Väter, ist das Kind auf dem Ultraschallbild gut zu erkennen.

Uterus Gebärmutter. Muskelstarkes, birnenförmiges Organ in der weiblichen Beckenhöhle, in dessen Schleimhautauskleidung sich das befruchtete Ei einnistet und sich zum Fetus entwickelt.

Wehen Kontraktionen (Zusammenziehungen) der Gebärmutter (Uterus), die das Kind in den Geburtskanal schieben.

Wochenfluß Lochien. Wundsekret, das nach der Geburt aus der Gebärmutter abfließt. In den ersten Tagen ist der Ausfluß blutig, dann bräunlich, nach etwa zwei Wochen wird er gelblich, ab der dritten Woche weißlich. In der Regel ist die Wundheilung spätestens nach sechs Wochen abgeschlossen und der Ausfluß verschwunden.

Weiterführende Literatur

Falls dieses Buch Ihren Informationshunger angeregt hat und Sie – wie Ihre Partnerin – möglichst viel über Schwangerschaft und Geburt wissen möchten, finden Sie hier eine kleine Auswahl weiterer Bücher, die für werdende Eltern sehr nützlich sind.

Eisenberg, Arlene, Murkoff, Heidi, Hathaway, Sandee: *Ein Baby kommt.* Verlag Gesundheit, München 1999

Fischer, Elisabeth, Kührer, Irene: *Gesund essen in der Schwangerschaft.* Mosaik Verlag, München 1999

Fumolo, Andy: *Schlank und fit nach der Schwangerschaft.* Mosaik Verlag, München 1998

Gerzabek, Ute: *Richtig atmen für eine sanfte Geburt.* Mosaik Verlag, München 1999

Heinowitz, Jack: *Der Mann in anderen Umständen.* Mosaik Verlag, München 1999

Iovine, Vicki: *Beim ersten Kind gibt's tausend Fragen.* Droemer Knaur Verlag, München (erscheint im Jahr 2000)

Kitzinger, Sheila: *Schwangerschaft und Geburt.* Kösel Verlag, Kempten, München 1998

Lees, Christoph, Reynolds, Karina, McCartan, Grainne: *Schwangerschaft.* Mosaik Verlag, München 1998

Shapiro, Jerrold Lee: *Vater werden ist nicht schwer.* Moderne Verlagsgesellschaft, Landsberg 1992

Stoppard, Miriam: *Vater, Mutter, Kind.* Mosaik Verlag, München 1998

Register